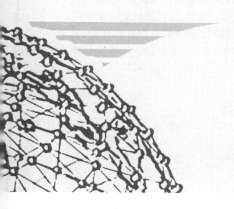

中国与中东欧国家经贸合作潜力、模式与机制研究

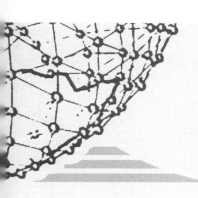

闫国庆　高聪　闫晗　殷军杰 ⊙ 著

清华大学出版社
北京

内 容 简 介

本书引入国际产业合作排序与评级体系等方法,对中国与中东欧国家产业合作的模式、机制及政策开展系统性研究;收集整理丰富、准确的中国与中东欧国家经贸合作数据及大量的相关案例,形成较为完善的大数据报告及案例库;揭示中国与中东欧国家经贸合作碰到的瓶颈背后的原因,提出破解的对策建议。

本书可为政府有关部门、科研机构和相关理论工作者开展中国与中东欧国家经贸合作提供理论、数据与案例支撑,可为中国与其他区域开展"一带一路"合作提供可复制推广的样板,可为中国与中东欧国家企业开展投资经商及在全球价值链基础上实现协同发展提供参考。

本书封面贴有清华大学出版社防伪标签,无标签者不得销售。
版权所有,侵权必究。举报: 010-62782989, beiqinquan@tup.tsinghua.edu.cn。

图书在版编目(CIP)数据

中国与中东欧国家经贸合作潜力、模式与机制研究/闫国庆等著. —北京: 清华大学出版社,2023.2
ISBN 978-7-302-61930-7

Ⅰ. ①中⋯ Ⅱ. ①闫⋯ Ⅲ. ①国际合作-经贸合作-研究-中国、欧洲 Ⅳ. ①F125.55

中国版本图书馆 CIP 数据核字(2022)第 179581 号

责任编辑: 张 伟
封面设计: 汉风唐韵
责任校对: 王荣静
责任印制: 宋 林

出版发行: 清华大学出版社
   网　　址: http://www.tup.com.cn, http://www.wqbook.com
   地　　址: 北京清华大学学研大厦 A 座　　邮　编: 100084
   社 总 机: 010-83470000　　邮　购: 010-62786544
   投稿与读者服务: 010-62776969, c-service@tup.tsinghua.edu.cn
   质量反馈: 010-62772015, zhiliang@tup.tsinghua.edu.cn
印 装 者: 小森印刷霸州有限公司
经　　销: 全国新华书店
开　　本: 185mm×260mm　　印　张: 8.75　　字　数: 208 千字
版　　次: 2023 年 2 月第 1 版　　印　次: 2023 年 2 月第 1 次印刷
定　　价: 99.00 元

产品编号: 096529-01

前言

面对当前复苏乏力的全球经济形势以及日益复杂的世界政治格局,特别是面对新冠肺炎疫情防控的常态化,加强国际合作成为推动世界和平发展以及中国对外开放的关键动力。近年来,与中东欧国家合作成为我国推进次区域国际合作及对外开放的新亮点。一方面,作为当今世界主要新兴市场,中东欧国家经济转型早、进展快,且拥有较完善的市场机制及生产要素配置体系,这与同样处于城市化及工业化高速发展阶段的中国经济有较高的契合度。另一方面,作为连接欧亚大陆的重要枢纽,中东欧国家是联通欧盟一体化市场和最主要的能源产地的结合部、承接带,也是"一带一路"倡议的区域支点。中东欧国家凭借其东联西通的先天地缘优势以及连接欧盟的有利身份优势,不仅为我国挖掘国际市场潜力、优化产业结构提供了支持,还在亚欧互联互通方面发挥了不可或缺的作用,为"一带一路"倡议框架下我国同欧洲市场的合作夯实了基础。全面推进中国与中东欧国家合作关系,不断丰富中国与中东欧国家合作内涵,已成为构建我国全面对外开放新格局的重要抓手,也是我国推动构建以合作共赢为核心的新型国家关系,推动建设人类命运共同体的一个重要力量,同时也为我国开展"精准性"国际经贸合作,实现以点带面、从线到片,逐步形成国际区域大合作格局提供了参考。

然而,由于中国与中东欧国家间的经贸合作受到来自美国和欧盟等国的种种阻挠和限制,加上中东欧国家差异大、政策摇摆不定、各方诉求不同、基础设施相对落后等现实情况,中国与中东欧国家经贸合作碰到了"政策堵点""落地难点"和"执行痛点"等一系列瓶颈与问题。

破解这些瓶颈与问题需要在理论、思路、策略等方面的研究上取得突破。

本书构建了中国——中东欧国家经贸合作理论分析体系,引入国际产业合作排序与评级体系等方法,对中国——中东欧国家合作潜力、模式与机制开展了系统的研究。

本书是"浙江省哲学社会科学重点研究基地课题(20JDZD065)"的研究成果。

在本书写作过程中,我们参考了大量的文献资料。我们从世界银行数据库、UN Comtrade(联合国贸易数据库)采集了大量数据。由于统计标准、统计规则等的不一致,部分国家数据缺失。在此,我们对本书借鉴和吸收的海内外有关研究成果、文献著作的著作者和出版者致以衷心的敬意与感谢。是大家的共同努力推动着"中国与中东欧国家经贸合作"的理论及实践的发展,本书的付梓只不过是沧海一粟。

借用冯友兰先生的说法,做学问有"照着讲"和"接着讲"两种。本书对已有的"中国与中东欧国家经贸合作"理论与实践做了较系统的梳理并开展了一些突破性的研究,一定程度上完成了"照着讲"的任务,但在"接着讲"方面,本书在许多方面还需进一步完善。作者将坚持不懈地进行研究,努力为中国与中东欧国家经贸合作的高质量发展及中国国际区域经贸合作理论的发展贡献绵薄之力。

闫国庆
2021 年 6 月

摘要

本书以"中国与中东欧国家经贸合作潜力、模式与机制研究"为主题,以"理论分析→合作现状及其面临的机遇与挑战分析→营商环境评估及合作潜力评估→产业选择与国别匹配及合作重点领域分析→合作模式选择及合作机制构建→对策建议"为线索展开研究。合作现状及其面临的机遇与挑战分析、营商环境评估及合作潜力评估是研究的逻辑起点;产业选择与国别匹配及合作重点领域分析是研究的逻辑重点;合作模式选择及合作机制构建、对策建议是研究的逻辑终点。

除绪论和结论与展望外,本书共有八章。

第一章 中国与中东欧国家经贸合作理论分析。对相关概念进行界定,对区域分工与协作理论、区域一体化理论、国际区域合作与治理理论、全球经济治理理论与人类命运共同体理论等进行系统梳理,为本书研究提供理论支撑。在此基础上,结合中国与中东欧国家经贸合作发展的实际及未来的发展趋势,总结出中国与中东欧国家经贸合作理论分析体系框架,据此剖析中国—中东欧国家合作的意愿、行为、动机、前景及内在机理等。

第二章 中国与中东欧国家经贸合作现状及其面临的机遇和挑战分析。对中国与中东欧国家经贸合作的现状进行剖析,并对双方面临的机遇和挑战展开深入分析。

第三章 中东欧国家营商环境评估。从体制政策、开办企业程序、贸易便利化、清廉程度、市场发展等方面分析中东欧国家营商环境,特别是对中东欧国家之间的差异性进行深入剖析,并进行客观的评价。

第四章 中国与中东欧国家经贸合作的潜力评估。以引力模型的理论为基础,构建随机前沿引力模型与贸易非效率模型,对中国与中东欧国家贸易、投资的潜力、效率进行全面、深入的分析。

第五章 中国与中东欧国家经贸合作产业选择和合作重点领域分析。系统分析中国与中东欧国家交通运输合作、农业合作、数字经济合作、绿色经济合作等领域的合作现状、问题以及合作思路等。

第六章 中国与中东欧国家经贸合作模式分析。总结提炼自2012年与中东欧国家合作机制建立以来形成的中国与中东欧国家经贸合作的一般模式。同时,深入解剖重庆、山东、四川、河北、陕西、宁波等地参与中国与中东欧国家合作的政策举措和典型案例,总结提炼参与中国与中东欧国家合作的地方模式和经验。

第七章 中国与中东欧国家经贸合作机制构建。对中国与中东欧国家经贸合作机制进行系统的梳理,提出完善该机制的思路。

第八章 推进中国与中东欧国家经贸合作对策研究。在中国与中东欧国家经贸合作潜力、重点领域、模式、机制分析的基础上,从中国与中东欧国家的贸易合作、产业对接、出口商品结构优化、现代物流体系建设、经贸合作示范区建设等方面提出中国与中东欧国家经贸合作对策建议。

关键词:中东欧国家;经贸;合作

目录

绪论 ·· 1
 第一节 研究背景和意义 ·· 1
 第二节 国内外研究综述 ·· 2
 第三节 研究思路、研究方法与创新点 ··· 6

第一章 中国与中东欧国家经贸合作理论分析 ··· 8
 第一节 基本概念界定 ·· 8
 第二节 中国与中东欧国家经贸合作理论依据 ·· 9
 第三节 中国与中东欧国家经贸合作理论分析框架 ····································· 11

第二章 中国与中东欧国家经贸合作现状及其面临的机遇和挑战分析 ········· 14
 第一节 中国与中东欧国家经贸合作的现状分析 ······································· 14
 第二节 中国与中东欧国家经贸合作面临的机遇分析 ································· 15
 第三节 中国与中东欧国家经贸合作面临的挑战分析 ································· 19

第三章 中东欧国家营商环境评估 ··· 22
 第一节 体制政策评估 ·· 22
 第二节 开办企业程序评估 ··· 24
 第三节 贸易便利化评估 ··· 34
 第四节 清廉程度评估 ·· 36
 第五节 市场发展评估 ·· 41

第四章 中国与中东欧国家经贸合作的潜力评估 ··· 42
 第一节 中国与中东欧国家经贸合作潜力的模型构建 ································· 42
 第二节 中国与中东欧国家贸易合作潜力评估 ·· 43
 第三节 中国对中东欧国家投资潜力评估 ··· 48
 第四节 中国与中东欧国家贸易潜力影响因素分析 ······································ 50

第五章 中国与中东欧国家经贸合作产业选择和合作重点领域分析 ············· 57
 第一节 中东欧国家优势产业分布及其特征分析 ······································· 57

第二节　中国与中东欧国家交通运输合作分析 ································ 63
　　第三节　中国与中东欧国家农业合作分析 ······································ 71
　　第四节　中国与中东欧国家数字经济合作分析 ································ 75
　　第五节　中国与中东欧国家绿色经济合作分析 ································ 78

第六章　中国与中东欧国家经贸合作模式分析 ···································· 88
　　第一节　中国与中东欧国家经贸合作一般模式 ································ 88
　　第二节　中国与中东欧国家地方经贸合作模式 ································ 92
　　第三节　典型模式剖析——宁波中国—中东欧国家经贸合作示范区的建设
　　　　　　模式 ·· 96

第七章　中国与中东欧国家经贸合作机制构建 ···································· 104
　　第一节　机构建设 ··· 104
　　第二节　重大活动 ··· 105
　　第三节　合作平台 ··· 106
　　第四节　主题年活动 ·· 109

第八章　推进中国与中东欧国家经贸合作对策研究 ······························ 111
　　第一节　优化顶层设计，加强中国与中东欧国家经贸合作制度创新 ······· 111
　　第二节　完善合作机制，构建中国与中东欧国家长效发展动力之源 ······· 112
　　第三节　提升物流水平，强化中国与中东欧国家互联互通能力 ············ 113
　　第四节　加强贸易合作，充分挖掘中国与中东欧国家贸易潜力 ············ 115
　　第五节　深化产业合作，促进中国与中东欧国家双向投资 ·················· 117
　　第六节　激活发展动能，拓展中国与中东欧国家经贸合作领域 ············ 119
　　第七节　促进民心相通，推进中国与中东欧国家商旅文融合 ··············· 120

结论与展望 ·· 122
　　第一节　研究结论 ··· 122
　　第二节　研究不足与展望 ·· 124

参考文献 ··· 125

附录 ··· 130

绪 论

第一节 研究背景和意义

百年变局和世纪疫情交织叠加,世界进入动态变革期,不稳定性、不确定性明显上升。面对当前复苏乏力的全球经济形势以及日益复杂的世界政治格局,特别是全球处于新冠肺炎疫情防控常态化的背景下,加强国际合作成为推动世界和平发展以及中国对外贸易发展的关键动力,中国与中东欧国家合作成为我国推进次区域国际合作及我国对外贸易发展的新亮点。

随着"一带一路"建设持续深化,中国与中东欧国家经贸合作机制日趋成熟,各领域取得长足进展。2012年以来,中国与中东欧国家秉持共商共建、务实均衡、开放包容、创新进取的合作原则,建立起以领导人会晤机制为引领、涵盖20多个领域的立体合作架构,在经贸、文化、教育、旅游等众多领域取得了丰硕的合作成果。截止到2020年,中国同中东欧国家贸易额增长近85%,年均增速8%,是中国对外贸易增速的3倍以上,其中中方进口增幅高出出口增幅22个百分点。2020年,中国与中东欧国家贸易额达1 034.5亿美元,首次突破千亿美元。中国与中东欧国家主要港口物流往来密切,中欧陆海快线正在加快建设。希腊比雷埃夫斯港、塞尔维亚斯梅代雷沃钢厂、克罗地亚佩列沙茨跨海大桥等一大批合作项目成果喜人,中国—中东欧国家经贸合作示范区、中小企业合作区等地方合作项目稳步推进。全面推进中国与中东欧国家合作关系,不断丰富中国与中东欧国家合作内涵,已成为构建我国全面对外开放新格局的重要抓手,也为我国在更大范围、更深层次、更高水平实行对外开放方面提供了样板。

当下研究中国与中东欧国家经贸合作潜力、模式与机制问题,既是新时代的要求,又是深化全面改革开放的需要。

本书的学术价值主要体现在:

——构建了中国—中东欧国家经贸合作理论分析体系。据此剖析了中国—中东欧国家合作的意愿、行为、动机、前景及内在机理,丰富了多边经贸理论内涵。

——总结提炼了地方参与中国—中东欧国家合作模式,包括重庆模式、四川模式、陕西模式、河北模式、山东模式及宁波模式等,为学者研究地方参与国际区域合作模式提供借鉴。

——收集整理了中国与中东欧国家经贸合作的丰富、准确的数据以及大量的相关案例。形成了较为完整的大数据报告及案例库,可为相关理论工作者开展中国与中东欧国家经贸合作学术研究提供事实依据。

本书的应用价值主要体现在：

——可为政府开展中国—中东欧国家经贸合作提供决策参考。

——可为中国与国际其他区域开展"一带一路"经贸合作提供可复制、推广的样板。

——可为中国与中东欧国家企业开展相关的投资经商及在全球价值链基础上实现协同发展提供参考。

第二节 国内外研究综述

学界研究主要集中在中国—中东欧国家经贸合作现状、中国—中东欧国家经贸合作发展阶段、中国—中东欧国家贸易潜力、中国—中东欧国家经贸合作模式与机制、地方与中东欧国家经贸合作等方面。现有的相关研究成果为本书提供了重要的参考。

一、关于中国—中东欧国家经贸合作现状的研究

当前宏观经济形势错综复杂，给对外开放工作提出了新要求，中国与中东欧国家经贸合作要坚持贸易、投资、外经、外服联动。在贸易方面，韩萌（2020）认为，中国与中东欧国家对外贸易合作应丰富交流渠道，增进合作共识；协调大国关系，缓解矛盾分歧；树立开放形象，夯实对外贸易基础。徐侠民等（2019）认为，中东欧国家贸易便利化水平对中国与中东欧国家农产品贸易影响具有显著差异性。王巍（2018）认为在"一带一路"倡议下，中国不断地拓宽中东欧市场，国际范围内的关税壁垒逐渐减少，越来越多的国家正通过贸易便利化的贸易政策措施来促进贸易发展。孙玉琴等（2017）、Marta（2021）从中东欧国家进口需求角度，分析了中国对中东欧国家出口商品的总量和结构现状，并对中国和中东欧国家贸易市场面临的机遇和挑战提出相应的建议。Yamashita（2008）分析了国际生产分割对贸易技术升级的影响。在投资方面，程琳（2021）从中国与维谢格拉德集团国家投资方式单一等问题着手，认为双方应加强投资项目合作的可持续性。廖佳等（2021）指出，中国在中东欧地区贸易投资分布极不均衡，中国—中东欧国家贸易投资潜力有待充分释放，双边贸易投资便利化程度亟须提升。刘永辉等（2021）通过构建系统的中东欧投资便利化测度体系，分析中东欧投资便利化对中国对外直接投资的影响，研究发现捷克等国的投资便利化水平较高，而波黑、塞尔维亚以及阿尔巴尼亚的投资便利化水平亟待改善。在外经方面，孙琪（2019）认为中国与中东欧国家之间的经贸合作机制已经开始逐渐成熟，并且双方经过一系列活动和会议避免贸易不均衡现象的发生。其通过对中东欧国家的经济数据进行分析，指出承包工程和建筑服务市场、信息服务市场、服务外包市场、旅游市场、中医药等领域发展空间大。在外服方面，龚杰（2019）利用中国与中东欧国家 2005—2017 年的服务贸易数据，测量各国的服务贸易整体竞争力等，并对影响服务贸易竞争性和互补性的因素进行探讨，从而对促进双边服务贸易合作提出政策建议。杨丽华（2012）结合中国服务业的优势以及中东欧国家服务业发展的现状，具体阐述了中国与中东欧国家拓展服务贸易的重点领域，以此促进中国与中东欧国家经贸合作的不断推动。

有关中国与中东欧双边贸易合作的问题，目前学界将中国与中东欧国家看作整体的研

究较多,聚焦对典型产业及地方参与中国与中东欧国家合作的研究较少。姜琍(2020)指出,中捷双边贸易和双向投资显著增长,金融合作、基础设施联通、医疗卫生合作和地方合作实现跨越式发展。同时,中捷经贸合作也面临一些挑战,需要双方加强沟通协调、共同应对。程鉴冰(2020)、Boris(2021)认为,虽然中国—中东欧贸易合作成效显著,但仍需通过采用国际先进标准、优化贸易结构、注重贸易质量等贸易高质量发展路径,进一步推进中国—中东欧贸易合作迈上新台阶。姜明鹤(2017)指出,中东欧国家一直以来都是中国的重要贸易伙伴,而随着贸易通道的完善,中国与中东欧国家的贸易往来会面临飞速发展的前景。

二、关于中国—中东欧国家经贸合作发展阶段的研究

中国与中东欧国家间的贸易关系还处于调节余缺、互通有无的初级合作阶段。中国与中东欧国家间的贸易产品更多集中于单一类别的产品上,结构过于单一,缺乏更为紧密合作关系的产业内互补。王薇(2019)、Nurliana(2019)认为,中国与中东欧国家目前尽管贸易程度不断加深、投资取得重大突破,但仍存在双方经贸合作整体发展水平较低等问题,应构建便利平台以加强双方经贸合作。张丹(2014)、Liu(2016)指出,虽然中国与中东欧国家在双边贸易与双向投资方面快速发展,未来双边经贸合作潜力巨大,但同时,双边经贸合作领域仍存在一些亟待解决的突出问题,阻碍了双边经贸合作发展,需要加以积极引导和政策推动。

随着贸易通道的完善,中国与中东欧国家的贸易往来呈现较快发展的趋势。刘苏瑶(2019)以中东欧国家为研究对象,通过分析中东欧国家的交通基础设施建设对中国出口的影响,为加强中国与中东欧国家之间的贸易往来提供支撑。琳娜(2017)、Jinhwan(2020)指出,中国与中东欧国家的合作关系的发展,主要是以双方政治关系为基础前提,双方高层相互交流,政治互信不断加深,为双方贸易合作提供了良好条件。

三、关于中国—中东欧国家贸易潜力的研究

中国与中东欧地区欧盟成员国的贸易潜力有待进一步挖掘。地方与中东欧国家的经贸合作多集中于匈牙利等国,与塞尔维亚、克罗地亚和北马其顿等国的贸易潜力还有待进一步挖掘。匡增杰等(2019)在中国与中东欧国家贸易发展现状的基础上,针对GDP(国内生产总值)等指标认为中国与中东欧国家双边贸易潜力存在较大的发展空间。姚倩倩(2018)认为中国与中东欧国家的工业制成品贸易潜力分为潜力巨大型、潜力开拓型和潜力再造型,贸易空间可以进一步扩大。金玲(2015)、Iyke等(2019)认为,中东欧国家深度依赖欧盟市场和资金并高度认同欧盟规范与规则,其对外贸易潜力挖掘的政策选择已深刻嵌入欧洲一体化进程之中。欧盟通过其经济影响力、制度规范力和软性趋同压力对中东欧国家对外经济合作施加影响。此外,中东欧国家对欧盟的观念认同也是影响各国决策的现实因素。

从贸易潜力的研究方法上看,主要使用传统引力模型和随机前沿引力模型。魏吉等(2020)、Ichiro(2020)运用时变随机前沿引力模型,基于2011—2018年中国与中东欧国家的进口贸易数据测度进口贸易潜力、技术效率及其影响因素。其实证结果表明中国与中东欧国家进口的贸易潜力较大,且不同国家之间呈现较大的不均衡性。周建男(2019)设定引力

模型对中国与中东欧国家贸易发展的影响因素进行分析,认为阻碍中国与中东欧国家贸易潜力发挥的因素包括中东欧各国经贸环境存在差异等。王亚南(2019)选取2007年至2017年间的贸易面板数据,利用引力模型分析中国对中东欧国家的单边以及双边的贸易潜力,得出中国与中东欧国家贸易竞争性较弱而互补性较强,未来中国对中东欧国家的进出口贸易潜力巨大等结论。Yao Feng 等(2017)研究了面板数据的半参数光滑系数随机前沿模型,其中假设复合误差项的分布是已知的形式,但取决于一些环境变量,结果表明:随机前沿文献中使用的两种流行的参数模型很可能被错误指定,与参数估计相比,半参数模型显示出计算机资本对生产率的积极影响。龚新蜀(2016)在分析中国与丝绸之路经济带沿线国家贸易竞争性和互补性的基础上,构建随机前沿引力模型估计丝绸之路经济带的贸易潜力、贸易非效率及其影响因素,结果表明:中国同丝绸之路经济带沿线各国的贸易竞争性和互补性体现在不同贸易领域,差异较大;中国与丝绸之路经济带沿线国家的贸易效率空间分布不均,并在金融危机后缓慢回升。李村璞等(2018)、Chandran(2018)运用时变随机前沿引力模型和贸易非效率模型,以9个国家面板数据为样本,测度中国对其他国家的出口贸易潜力,并分析其主要影响因素,结果表明:中国对中东欧国家出口贸易潜力呈现先上升后下降趋势,依然有较大提升空间。劳昕等(2016)的研究采用引力模型和社会网络分析方法,测算2013年长江中游城市群中各城市与中东欧国家间的经济联系,在此基础上,从提升经济联系网络的角度为促进长江中游城市群与中东欧国家经济协同发展提出了相关对策建议。

四、关于中国—中东欧国家经贸合作模式与机制的研究

中国与中东欧国家经贸合作模式与机制尚处于不断建立与完善的阶段。

在中国与中东欧国家经贸合作模式的研究方面,张希颖等(2019)基于"家庭农场＋合作社＋超市"模式,以该模式应用于中东欧国家农业投资这一角度作为切入点,结合中国与中东欧国家农业合作的现实基础,提出在该模式下发展中国与中东欧国家农业合作的对策建议,如注重自身品牌建设、合理控制规模、构建信息共享平台等。华红娟等(2020)认为,中国与中东欧国家经贸合作应尽快实现"精准合作",可通过分层分类合作模式、输出电子商务模式等经贸合作模式来实现。钟栋洋(2017)、Colin(2019)、Harald等(2021)认为,中国应通过发展价值链融资模式,不断加大与中东欧国家的农业价值链合作。

在中国与中东欧国家经贸合作机制的研究方面,孔寒冰等(2017)指出,中国与中东欧国家经贸合作机制是建立在多样、复杂和差异基础之上的,其范围涉及多个领域和多个层次。建立良好的政治关系,是落实中国与中东欧国家经贸合作机制的基本前提和可靠保证。中国要与中东欧国家开展深入的经贸合作,必须做到"精准性",即中国与中东欧国家在经贸合作中找好契合点,做到互需互补、规模和档次适度。郑国富(2019)对中国与中东欧国家经贸合作机制展开了深入研究,认为该机制对双方开展农产品贸易合作大有裨益。通过该机制,中国与中东欧国家农产品贸易合作尽管还面临总体规模偏小、缺乏平稳性等一些现实问题,但互补性强、交集广、潜力巨大。尤宏兵等(2018)认为,中国与中东欧国家经贸合作机制不断完善,对双边经贸合作起到了重要作用。同时,他指出,应构建更加完善的中国与中东欧国家经贸合作风险机制。王世钰(2016)、Tristan(2018)提出,中东欧国家普遍拥有良好的工业基础,尽管世界经济萎靡不振,但依托中国与中东欧国家经贸合作机制,中国与中东欧国

家双边贸易一直保持向上势头。

五、关于地方与中东欧国家经贸合作的研究

关于地方与中东欧国家经贸合作的研究主要集中在贸易合作、旅游合作等方面,针对地方与中东欧国家经贸合作机制的研究较少。杨桂丽等(2021)探讨了宁波与中东欧国家经贸合作中的风险,指出两者在如政治体制、意识形态、经济环境、价值观念等方面均有较大的差异性。华红娟(2020)认为,应聚焦汽车产业、高端制造业及数字产业,开展联合研发、优化投资布局、引领前沿合作,推进浙江—中东欧地区实现高质量产业合作。徐刚(2019)借中国浙江、河北等地与中东欧国家的布拉格(捷克)、华沙(波兰)等在参与和推进中国与中东欧国家地方合作上的典型案例,指出地方合作仍然存在进一步提升的空间,如点面结合的示范效应和规模效应亟须凸显等。崔源等(2019)指出随着中国与中东欧国家合作的进一步展开,无论是在国家、省域还是城市层面上,旅游管理部门及相关部门都对宁波与中东欧国家愈加紧密的旅游合作持支持态度。兰振东(2019)基于外贸综合服务平台的发展现状,构建了宁波—中东欧外贸综合服务平台的基本模式,提出了宁波—中东欧外贸综合服务平台的推进对策。史俊怡(2021)对宁波与中东欧合作现状进行了详细分析,认为继续深化合作前景向好。作为中国—中东欧国家合作框架下的重要内容,国家发改委宏观经济研究院李大伟、季剑军(2018)表示:"旅游合作已经成为中国和中东欧国家双边合作的闪光点和增长点,是我国和中东欧国家开展国际交往的重要载体、优化经贸合作的重要抓手、进行人文交流的重要平台。"宁波市工商业联合会课题组(2018)指出,深化与中东欧国家的投资产能合作,是宁波主动响应"一带一路"倡议、加快建设中国与中东欧国家经贸合作示范区的重要举措。在此基础上,提出关于深化宁波—中东欧投资产能合作的对策建议:科学谋划,明晰投资产能合作思路;突出重点,促进投资产能精准对接;示范引领,丰富投资产能合作路径;精心布局,加强双向合作园区建设;强化保障,汇聚投资产能合作动力。

六、研究评述

梳理上述文献可以看出:

(1) 对中国与中东欧国家贸易潜力的研究还处在探索性阶段,而基于大数据技术对相关数据进行挖掘研究是一个新的视角。单一地运用随机前沿引力模型分析只能宏观地把控双边贸易潜力及效率,并不能从微观上准确地预测未来中国—中东欧国家贸易合作数据。因此,本书运用所在单位自建的中国—中东欧贸易合作数据库,利用大数据挖掘技术对中国与中东欧国家的贸易潜力和效率进行测度,在此基础上,就加强两方贸易联系、发挥合作潜能、深化中国与中东欧国家经贸合作提出了系统深入的对策建议,从而弥补了目前国内在这方面研究的不足。

(2) 关于中国与中东欧国家经贸合作方面的研究较多,而对地方与中东欧国家的经贸合作机制与模式研究还不够系统和深入。在城市经济发展研究上,鲜有专门文献对地方城市与国家(地区)之间的进出口贸易进行深入、系统的定量性的实证研究;研究地方竞争优势产业的较多,预测地方与中东欧国家贸易动态变化的较少。在复杂多变的国际关系中,预

测地方与中东欧国家贸易合作趋势,发挥联动效应,构建地方与中东欧国家贸易协同发展模式已成为现实而紧迫的任务。为此,本书总结提炼了中国各地参与中国—中东欧国家合作的模式,为地方参与国际区域合作提供了借鉴。

(3)关于对中国—中东欧国家经贸合作的潜力评估、产业选择与国别匹配、重点领域合作、地方合作的研究是一个新的视角。为此,本书基于此视角,分析和探索中国与中东欧国家合作潜力、模式与机制。

第三节 研究思路、研究方法与创新点

一、研究思路

本书以"中国与中东欧国家经贸合作潜力、模式与机制研究"为主题,以"理论分析→合作现状及其面临的机遇与挑战分析→营商环境评估及合作潜力评估→产业选择与国别匹配及合作重点领域分析→合作模式选择及合作机制构建→对策建议"为线索展开研究。合作现状及其面临的机遇与挑战分析、营商环境评估及合作潜力评估是研究的逻辑起点;产业选择与国别匹配及合作重点领域分析是研究的逻辑重点;合作模式选择及合作机制构建、对策建议是研究的逻辑终点。

二、研究方法

(一)定量实证分析的方法

在对中国与中东欧国家的经贸合作和"一带一路"建设的相关数据等方面的资料深入挖掘与整理的基础上,构建随机前沿引力模型、时变随机前沿引力模型等,对贸易、投资相关影响因素等进行检验、分析。同时,还构建中国与中东欧国家经贸合作重点领域和国别排序与评级指标体系,对中国与中东欧国家经贸合作产业选择与国别匹配进行系统性研究。此外,还采用了因子分析法、层次分析法等对中国与中东欧国家经贸合作进行剖析。

(二)案例分析法

有针对性地采用案例分析法,具体深入剖析中国与中东欧国家贸易潜力、效率的影响因素等。例如,针对海关效率问题,以宁波口岸进口中东欧葡萄酒、乳制品为例进行全流程追踪分析,对其原材料供应商、生产商与灌装商、国际货运代理企业、报关报检、清关商检等流程中各要素进行具体深入的追踪剖析,发现问题并有针对性地提出解决方案。

(三)政产学研合作研究法

本书研究团队由专家学者、政府官员、企业家等组成,实现了高校、科研机构、政府、企业等资源的有机整合。

（四）实地调研法

整个调研工作在整体综合设计与评估的基础上进行，综合运用访谈法、观察法、开口与闭口问卷法、宏观指标与主观指标评估法等开展调研；对调查数据的分析采用主成分分析法等，并结合多维度因素分析方法，在进行数据浓缩分析的同时检验调查设计本身的合理性。

（五）比较法

通过对中国与中东欧国家经贸合作的纵向及横向比较分析，探索双边经贸合作发展的规律与趋势。

三、创新点

（一）研究视角创新

从中国与中东欧国家经贸合作及其产业选择与国别匹配的视角，分析、探索中国与中东欧国家合作的模式、机制与路径。专门针对中国与中东欧国家经贸合作产业选择与国别匹配的系统性研究尚未发现，从该视角来研究会带来新的观察与判断，对于中国与中东欧国家经贸合作会有新的解读，有助于形成新的模式、机制与路径。

（二）研究方法创新

本书基于中国与中东欧国家经贸合作所需要的要素禀赋、营商环境差异等设置不同的指标，构建中国与中东欧国家经贸合作重点领域和国别排序与评级指标体系，还设置若干反映未来合作前景的指标，对中国与中东欧国家经贸合作进行系统的定量分析。国内外尚未发现专门针对中国与中东欧国家经贸合作国别的排序与评级方面的研究方法。

（三）学术观点创新

从国家战略、产业组织、企业行为决策等不同行为主体的角度出发，总结提炼出地方参与中国与中东欧国家合作的四大模式（包括以政府推动、市场导向、企业主导、各方广泛参与的宁波模式，以优势产能实现精准合作的河北模式等）。同时，提出构建中国与中东欧国家经贸合作六大机制建议（包括双向投资机制、新型贸易合作机制、科技合作创新机制、产业链与供应链合作共赢机制、数字经济合作机制、绿色经济合作机制）。

第一章
中国与中东欧国家经贸合作理论分析

第一节 基本概念界定

一、中国与中东欧国家合作机制

2012年4月26日,中国与中东欧国家合作机制设立,是中国与中东欧国家共同设计和推进的跨区域合作机制。它既是中国与中东欧国家发展双边关系的一种形式,也是促进中欧关系不断发展深化的重要举措,是中国与欧盟合作机制的重要组成部分,是中国和中东欧国家增进友谊、扩大合作、共谋发展的重要平台。中国与中东欧国家合作机制,在主体上形成了政府主导、民间参与的模式;在渠道上形成了从中央到地方、从官方到民间,涵盖诸多领域的多元沟通交流方式;在内容上涵盖了贸易、投资、基础设施建设、金融、教育、文化等多个领域。

2019年,希腊加入中国—中东欧国家合作,2021年,立陶宛退出中国—中东欧国家合作;2022年8月11日,拉脱维亚和爱沙尼亚退出中国—中东欧国家合作。本书所涉及的中东欧国家包括阿尔巴尼亚、波黑、保加利亚、克罗地亚、捷克、爱沙尼亚、希腊、匈牙利、拉脱维亚、立陶宛、黑山、北马其顿、波兰、罗马尼亚、塞尔维亚、斯洛伐克和斯洛文尼亚。[①]

二、经贸合作模式

经贸合作模式是经济主体行为的一般方式,包括经济发展模式、企业盈利模式、经贸实验模式等,是理论和实践之间的中介环节,具有一般性、简单性、重复性、结构性、稳定性、可操作性的特征。经贸合作模式在实际运用中必须结合具体情况,实现一般性和特殊性的衔接并根据实际情况的变化随时调整要素与结构才有可操作性。

经贸合作模式有的在以前经验中形成,也有的在面对现象时立即形成。经贸合作模式是否与现象的本质相合,必须在认识过程中逐渐检验和修改,以便逐渐得到正确的认识。

---

① 由于本书相关的数据分析都是关于2020年及以前的,因此本书仍然包含对爱沙尼亚、拉脱维亚和立陶宛的分析。

三、经贸合作机制

经贸合作机制，是指各经济要素之间的结构关系和运行方式。经济事物各个部分的存在是经贸合作机制存在的前提，因为事物有各个部分的存在，就有一个如何协调各个部分之间关系的问题。同时，由于协调各个部分之间的关系是一种具体的运行方式，因此经贸合作机制以一定的运作方式把事物的各个部分联系起来，将它们协调运行，从而发挥作用。

经贸合作机制的建立，一靠体制，二靠制度。体制，主要指组织职能和岗位责权的调整与配置。制度，广义上包括国家和地方的法律、法规以及任何组织内部的规章制度。通过与之相应的体制和制度的建立（或者变革），经贸合作机制在实践中才能得到体现。

第二节 中国与中东欧国家经贸合作理论依据

区域分工与协作理论、区域一体化理论、国际区域合作与治理理论、全球经济治理理论与人类命运共同体理论等为中国与中东欧国家经贸合作提供了重要的理论依据。

一、区域分工与协作理论

区域分工与协作理论主要包括绝对优势论、比较优势论、相互需求论、要素禀赋论等。

（一）绝对优势论

绝对优势论由亚当·斯密提出。他主张自由贸易，认为在市场经济中，在利益驱动下，微观经济主体可通过分工和交易为社会工作。各个国家的自然禀赋和后天的有利条件都各不相同，这为国际分工创造了条件。

（二）比较优势论

比较优势论认为，国际贸易的基础并非生产技术的绝对差别，而是生产技术的相对差别，以及因此产生的相对成本的差别。所有国家都应根据"两利相权取其重，两弊相权取其轻"的原则来集中生产具有"比较优势"的产品，进口具有"比较劣势"的产品。比较优势论证明了经贸合作不仅仅是因为绝对利益的差异，更是因为比较利益的差异而产生的。在中国与中东欧国家经贸合作中，一个国家只要按照比较优势原则，专门生产和出口本国生产成本相对较低的产品，进口本国生产成本相对较高的产品，就可以获得实际利益。

（三）相互需求论

约翰·穆勒提出的相互需求论实际上是比较优势论的补充。相互需求论解决了双方如何分配利益、互惠范围、国际贸易为参加方带来利益的范围等问题。两国产品的交换比例越接近于哪个国家的国内交换比例，哪个国家的获利就越少；反之，则获利就越多。

(四) 要素禀赋论

要素禀赋论又称"H-O 理论"。该理论主要认为各国间要素禀赋的相对差异以及生产商品是利用的要素多寡差异,是国际贸易的基石,强调的是不同的生产要素对产品的影响。要素禀赋论用生产要素禀赋的差异寻求解释国际贸易产生的原因和国际贸易商品结构以及国际贸易对要素价格的影响。

二、区域一体化理论

区域一体化理论主要包括关税同盟理论、大市场理论、协议性国际分工理论等。

(一) 关税同盟理论

对关税同盟理论研究较多的学者有范纳和利普赛。他们认为,关税同盟可产生静态效应和动态效应。静态效应包括贸易创造效应、贸易扩大效应、贸易转移效应等;动态效应主要是关税同盟对成员方就业、产出、国民收入、国际收支和物价水平的影响,动态效应又称为"次级效应"。

(二) 大市场理论

大市场理论以西托夫斯基和德纽为代表提出。该理论认为,以前各国之间推行狭隘的、只顾本国利益的贸易保护政策,把市场分割得狭小而又缺乏适度的弹性,这样只能为本国生产厂商提供狭隘的市场,无法实现规模经济和大批量生产的利益。大市场理论的核心是共同市场导致市场扩大,促进成员企业竞争,达到资源合理配置,获得规模经济,提高经济效益。

(三) 协议性国际分工理论

协议性国际分工理论由日本学者小岛清提出。该理论认为,比较优势论可能导致各国企业生产的垄断和集中,且影响共同体内部分工的和谐发展和贸易的稳定发展,因而有必要实行一种与比较优势论不同的国际分工理论,即协议性国际分工理论。协议性国际分工理论的内容是:实现经济一体化,只要集团内通过协议,按生产效率相互提供产品市场,实行协议专业分工生产,就会形成规模经济,从而使成本递减,贸易量扩大。

三、国际区域合作与治理理论

关于国际区域合作与治理理论的主要成果有"多层级治理"理论、新功能主义的"扩溢"理论、空间相互作用理论等。

(一) "多层级治理"理论

胡奇·利斯贝特和盖里·马克斯认为,欧洲一体化是一种创造政体的过程,在这一过程中,政治权威和决策影响力是由多层次政府分享的,形成了国家权力向上、向下和向侧的多维度转移,即政府权威同时向超国家层面、次国家层面以及公共私人网络分散和转移。

(二)新功能主义的"扩溢"理论

施密特针对行为者面临各种不同情势的反应,对"扩溢"概念提出补充,包括"环溢""强化""紧缩""溢回"。"环溢"指增加一体化过程的功能范围,但不增加其相对的权力;"强化"指一体化组织决策的自治性及权威性增加,但并不扩张一体化的领域;"紧缩"指增加联合仲裁的层次,减少一体化组织的权威;"溢回"指一体化组织的功能范围及各权威都收缩到"扩溢"前的状况。

(三)空间相互作用理论

空间相互作用理论由美国地理学家乌尔曼提出。他认为,该理论可以明确反映出跨国区域经济关系中出现的种种变化。因此,该理论对于中国与中东欧国家经贸合作的潜力、模式与机制研究很适用。

四、全球经济治理理论与人类命运共同体理论

(一)全球经济治理理论

全球经济治理的执行主体包括国际组织、跨国公司、非政府组织等,也包括政策协调网络、知识共同体等。全球经济治理通过维护全球经济稳定,纠正全球经济失衡,缩小全球收入差距来体现其用于国际合作和协调的深刻内涵。

(二)人类命运共同体理论

在国际区域经贸合作上,习近平总书记提出构建人类命运共同体理念,倡导和平发展与合作共赢。合作共赢的经贸发展方式,可以使全球经贸发展的价值链得以优化,并形成良性循环,这样利益关系的打造具有全球意义,其最终所要追求的也是构建全球经贸共赢的价值链。在国际区域经贸发展的新趋势下,合作共赢的发展模式成为人类命运共同体之中的每个个体不约而同追求的目标。

上述理论是分析中国与中东欧国家合作意愿、合作行为、合作体系、合作内在机理的重要依据,为中国与中东欧国家经贸合作的模式选择和机制构建提供了重要的理论参考,为构建中国与中东欧国家经贸合作理论分析体系打下了基础。

第三节 中国与中东欧国家经贸合作理论分析框架

在对上述理论进行系统梳理的基础上,结合中国与中东欧国家经贸合作发展的实际及未来发展趋势,抽象出一个中国与中东欧国家经贸合作理论分析框架,如图1-1所示。

在理论分析框架中,首先,阐述中国与中东欧国家经贸合作的概念界定、理论依据、基本原则、基本方法与核心思想,使我们认识到中国与中东欧国家经贸合作的理论来源。站在中

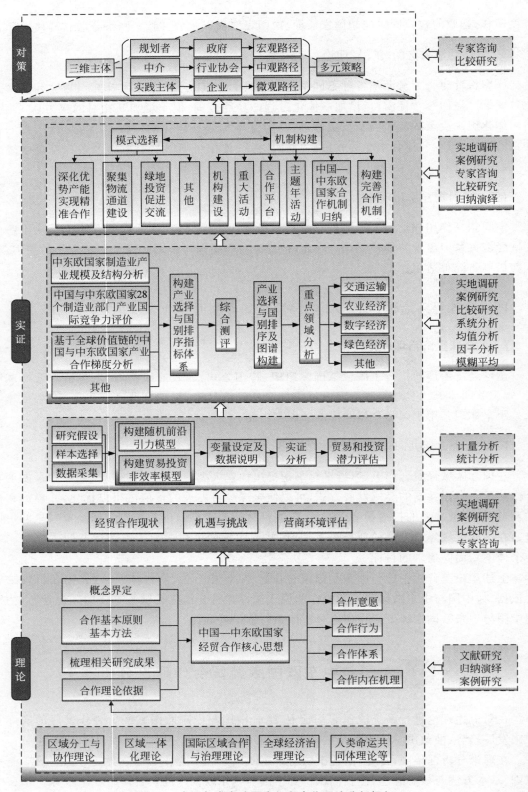

图 1-1　中国与中东欧国家经贸合作理论分析框架

国与中东欧国家经贸合作发展的高度,在更加宽广的视角下研究和思考,系统地诠释了中国与中东欧国家经贸合作的理论背景和根基。其次,通过实证分析对理论进行应用。结合中国与中东欧国家经贸合作的研究与相关实践,对中国与中东欧国家经贸合作进行潜力分析、模式选择与机制构建。最后,提出深化中国与中东欧国家经贸合作的对策建议。在实践中研究,在研究中实践,不断提炼和提升,形成了中国与中东欧国家经贸合作的理论分析框架。

第二章
中国与中东欧国家经贸合作现状及其面临的机遇和挑战分析

第一节 中国与中东欧国家经贸合作的现状分析

自2012年中国—中东欧国家领导人首次会晤以来,中国与中东欧国家合作从无到有、从初期探索到逐步成熟,影响力不断扩大,经贸合作成果丰硕。特别是2020年以来,中国与中东欧国家经贸合作克服疫情影响,取得了长足进步。

双边贸易持续增长。2012年至2020年,中国与中东欧国家贸易额增长近85%,年均增速8%,是中国与欧盟贸易增速的2倍以上。2020年,中国与中东欧国家贸易额首次突破千亿美元,达到1 034.5亿美元,同比增长8.4%,高于同期中国对外贸易增幅和中欧贸易增幅。

投资合作稳步扩大。中国同中东欧国家双向投资规模已接近200亿美元,涉及汽车零部件、化工、家电、物流、矿产、商务合作等多个领域。绿色低碳、医药健康、新能源等正成为新的投资合作热点。2020年,中国累计对中东欧国家全行业直接投资31.4亿美元,涉及能源、矿产、基础设施、物流、汽车零配件等领域。同期,中东欧国家累计对中国投资17.2亿美元。

金融合作不断加强。中国与中东欧国家金融合作形式多元、内容丰富,为中国—中东欧国家合作提供有力支撑。中国自2012年开始就陆续牵头设立了一系列金融保障工具,如中国对中东欧国家提供的100亿元专项贷款、设立中国—中东欧国家投资合作基金、成立中国—中东欧国家金融控股有限公司等。此外,中国与中东欧国家金融机构开展多种合作,波兰、匈牙利、罗马尼亚加入了由中国发起的亚洲基础设施投资银行,波兰是创始成员国之一。中国银行、中国工商银行、中国建设银行陆续在波兰、匈牙利、捷克、塞尔维亚、罗马尼亚建立起分支机构。中国已经与匈牙利、阿尔巴尼亚、塞尔维亚3个中东欧国家签署货币互换协议,中国人民银行与匈牙利央行签署在匈牙利建立人民币清算安排备忘录,成为中国在中东欧地区设立的第一家人民币清算行。

基础设施项目稳步实施。2012年至今,中国企业在巴尔干国家承建了多个基础设施工程项目,如塞尔维亚"泽蒙—博尔察"大桥、塞尔维亚E763高速公路、黑山南北高速公路项目、黑山铁路修复改造项目、北马其顿米拉蒂诺维奇—斯蒂普高速公路项目、基切沃—奥赫里德高速公路项目。此外,中国企业还在波黑、罗马尼亚、阿尔巴尼亚等国参与能源、通信等领域的合作项目,为中东欧地区互联互通提供能源和通信保障。2020年,中国企业在中东欧国家签署工程承包合同额54亿美元,增长34.6%。中方承建的匈塞铁路、克罗地亚佩列沙茨大桥、黑山南北高速公路优先段等项目稳步推进,中国企业在中东欧国家成功签约了新的铁路、公路和地铁等建设项目。

设施联通保持稳定。中欧班列在疫情防控期间加速发展,2020年开行超过1.24万列,同比增长50%,架起了中欧抗击疫情的"生命线"。波兰、匈牙利、捷克、斯洛伐克等国成为中欧班列重要的通道和目的地。中国与中东欧国家港口物流往来密切,中欧陆海快线建设积极推进;2020年,中欧陆海快线完成总箱量122 213标箱,同比增长47%。郑州、石家庄等地新开通了飞往中东欧城市的定期货运航线。

人文交流异彩纷呈。人文交流内涵不断丰富,已建立覆盖教育、科技、文创、艺术、影视、语言等多个领域近20个专业交流平台。在国际旅游方面,中国赴中东欧国家旅游人数增长迅速,中国公民到中东欧国家的人次已经增长5倍多,双向旅游人数突破每年100万人次。中国—中东欧国家人文交流年、中国—中东欧国家媒体交流年、中国—中东欧国家文化合作论坛、中国—中东欧国家教育政策对话、中国—中东欧国家青年政治家论坛、中国—中东欧国家高级别智库研讨会,这一系列重要的人文交流活动从多个角度和层次提升了中国与中东欧国家合作的热度和水平。中国—中东欧国家智库交流与合作网络、中国—中东欧国家旅游促进机构及企业联合会等机制化平台的建立,夯实了中国与中东欧国家合作的制度基础和专业基础。

第二节 中国与中东欧国家经贸合作面临的机遇分析

一、"双循环"新格局为中国与中东欧国家经贸合作带来新动能

"以国内大循环为主体、国内国际双循环相互促进"将为推进中国与中东欧国家经贸合作进一步发展形成强大机遇和推动力。中国内循环的质量越高,对中东欧国家的带动作用就越强、价值就越大,从而形成覆盖中国与中东欧国家更高质量的社会经济新生态,推动中国—中东欧国家合作机制建设更高质量发展,两者同频共振。以国内大循环为主体,通过发挥内需潜力,使国内市场和国际市场更好联通,这表明中国愿意与中东欧国家优秀企业分享中国市场,尤其是欢迎那些能够参与中国扩大内需、促进内需升级的中东欧国家优秀企业,与中国企业一道形成内循环中大量高质量的产业链集群。

疫情期间,我国外贸逆势增长,从一个侧面展现了"双循环"战略的成功及中国进出口市场的巨大潜力。当前,中国的双循环政策以内循环为主,外循环作为补充,从而起到国内国外双循环相互促进的作用。以内循环为主并不意味着封闭自足,而是通过扩大中国潜在的内需来提高中国在国内外市场的竞争力。从经济内循环角度来看,随着国内居民消费的提升、企业数字化发展,中国企业的财务水平、管理能力和科技创新能力均会得到提升,从而为中国企业走出去增强了竞争优势,为中国与中东欧国家合作创造了新动能。

当前,地缘政治风险加剧,全球经济不确定性增加,供应链的全球化可能转变为战略物资集中在本土的自给自足型供应;在产业供应链中,区域合作可能会取代全球化合作。我国要求优化国际市场布局,中国经济外循环可能会加大国企的海外布局,引导企业深耕传统出口市场、拓展新兴市场,扩大与周边国家贸易规模,稳定国际市场份额,更大力度地吸引和

利用外资，有序推进电信、互联网、教育、文化、医疗等领域相关业务开放。中国—中东欧国家合作机制建立以来，双边的贸易和投资关系日益紧密，中东欧经贸投资潜力巨大，全产业链投资加强。

二、疫情防控常态化为中国与中东欧国家公共卫生、教育领域合作带来新契机

一是新冠肺炎疫情促进中国与中东欧国家公共卫生领域加强合作。中国—中东欧国家合作机制建立以来，中国与中东欧国家在医疗健康领域合作不断取得积极成果。新冠肺炎疫情暴发后，中国和中东欧各国守望相助，开展了卓有成效的抗疫合作，匈牙利、塞尔维亚等多国采购和使用中国疫苗。新冠肺炎疫情的全球蔓延与防控常态化再次警示，公共卫生安全等非传统威胁不断上升，威胁全球人民的生命健康，同时公共卫生安全挑战必须由国际社会共同应对。中国和中东欧国家在疫苗合作、卫生医疗、生物医药等领域将有良好的合作前景。习近平主席在中国—中东欧国家领导人峰会上提出，中方将推动建立中国—中东欧国家公众健康产业联盟。为落实领导人峰会成果，2021年6月9日下午，在第二届中国—中东欧国家博览会期间，中国—中东欧国家公众健康产业联盟（以下简称"联盟"）在宁波正式成立。阿尔巴尼亚、保加利亚、希腊等多个中东欧国家代表出席了启动仪式。中国和中东欧国家医药产业界积极响应，已有中国和中东欧15国的医药行业组织、龙头企业和学术机构申请加入。联盟的成立为中国与中东欧国家公共卫生健康领域合作提供了重要平台。联盟秉承开放原则，致力于打造医药、医疗、健康与公共卫生产业务实合作平台，加强中国与中东欧国家在医药产品、创新技术、监管标准、贸易投资和疫情防控等领域的交流与合作，推动公众健康产业跨区域合作高质量发展，为构建人类卫生健康共同体作出积极贡献。

二是医疗办公视频会议、疾病治疗远程视频指导迅猛发展。中国在抗击新冠肺炎疫情过程中的表现和积累的各种医疗救助的经验，得到了国际的广泛认可，许多国家希望得到中国的经验分享。2020年3月13日，中国同中东欧国家举行新冠肺炎疫情防控专家视频会议，分享和交流疫情防控经验及信息。这是中国秉承人类命运共同体理念，为全球公共卫生安全事业做贡献的重要举措，也为中国—中东欧国家合作机制赋予新的内涵。2020年3月23日，西安国际医学中心医院5G远程会议室里，一场历时两个半小时的、关于共同抗击新冠肺炎疫情的跨国远程视频会议正在进行。远程办公将会推动远程视频会议习惯的培养，提高对视频会议的认可度。医疗办公、疾病医疗远程视频的指导打破了中国与中东欧国家之间的时空障碍，减少了沟通交流成本，进一步促进了中国与中东欧国家公共卫生领域的深度频繁合作。

三是线上远程教育等模式进一步推广使用。当前，中国—中东欧国家合作机制为中国与中东欧国家在教育合作领域提供了重要平台。高校之间通过视频形式交流经验、分享成果、探讨合作，这对加深中国与中东欧国家校际的友谊，开展深入教育合作有着重要价值。2020年10月23日，在第21届中国国际教育年会期间，中国—中东欧国家高等教育合作研讨会成功举办。研讨会以"新社会经济背景下中国—中东欧国家高等教育合作与交流"为主题，通过线上线下相结合的方式进行全球网络直播。2020年6月18日，西安交通大学—中东欧高校国际合作与交流视频会议举行，会议以"团结、合作、发展"为主题，来自中国及希

腊、保加利亚、匈牙利、罗马尼亚、塞尔维亚等中东欧国家19所高校的领导和50余名代表参加会议，与会人士围绕疫情为全球教育合作与交流带来的机遇和挑战以及中国—中东欧国家高校深入合作交换了看法。中国与中东欧国家通过远程视频会议，深入推动了中国与中东欧国家高校在人才培养、科学研究等方面的务实合作。这些线上教育合作突破了时空的屏障，为实现国际跨地区优质师资资源共享和教育服务优化提供了广阔的发展空间。

三、数字经济合作成为推进中国与中东欧国家经贸合作新引擎

一是疫情推动线上消费，中东欧国家普遍将加大数字基础设施投入。疫情暴发后，线上消费成为疫情期间购买中东欧国家产品重要的消费场景。2020年6月，宁波举办了中东欧商品云上展活动。通过线上贸易对接会、中东欧商品直播带货等一系列活动，中东欧国家成功地在疫情之下拓展了中国市场的新渠道。疫情进一步刺激了中东欧国家数字经济的发展，中东欧国家开始普遍加大对数字基础设施投入，并列入疫后重要议程。

二是中国在数字经济方面具有技术、规模、产业及政策优势，与中东欧国家数字经济合作可成为中国—中东欧国家合作的新引擎。2019年，中东欧国家数字经济产值达940亿欧元，同比增长7.8%，增速超过英、法、德等西欧发达国家。中国在5G、云计算、大数据、AI/AR/VR（人工智能/增强现实/虚拟现实）以及区块链等新一代的信息技术上发展迅猛，相比中东欧国家具有一定的优势。2020年，我国数字经济延续蓬勃发展态势，规模由2005年的2.6万亿元扩张到39.2万亿元。电信业、电子信息制造业、软件和信息技术服务业、互联网和相关服务业等数字经济产业领域快速发展，形成了较大规模。在政策方面，我国"十四五"规划提出要促进平台经济、共享经济健康发展，推动数字经济和实体经济深度融合。中国与中东欧国家在数字经济方面具有广阔的合作前景。中国与中东欧国家数字经济合作将成为中国—中东欧国家经贸合作的新引擎。

三是数字经济基础设施建设中，"新基建"带来新机遇。中国与中东欧国家合作推进"新基建"可以解除我国数字经济与实体经济深度融合过程中所面临的基础设施缺乏的窘境，并进一步推动实体经济的数字化与数字经济的普及化，从根本上实现数据要素资源配置的优化。

四是数字经济与实体经济融合中价值链重构和供应链管理面临新机遇。利用数字化手段对价值链进行重构，使大规模量身定制成为可能。以大数据应用为核心，发展数据挖掘、存储、处理、应用与展示、数字化产品衍生等产业，打造全链路数字产业，培育数字产业集群式发展，搭建培育数字技术创新孵化中心、数字产业融合发展联盟等，提升数字产业发展能级，通过新一代信息技术改造传统优势产业，释放数字经济对传统经济的刺激作用。

五是数字经济加速产生新产品新服务。发展数字经济，推动5G、物联网、云计算、大数据、人工智能、区块链等新一代信息通信技术加速突破创新，有助于促进中国与中东欧国家提升产业合作水平，推进产业基础高级化、产业链现代化。中国与中东欧国家合作推进双方数字政务落实，通过网络等线上信息化渠道，方便公众利用数字化信息了解政府机构相关政策的实施情况。例如，加强双方在数字经济、新一代信息技术、绿色产业、"智能+"产业等领域的交流合作，使之成为中欧双方产业合作和科研成果转化高地。2021年6月举办第二届

中国—中东欧国家博览会期间,中国商务部启动了中国—中东欧电子商务合作对话机制。在该机制下,中国、阿尔巴尼亚、匈牙利、塞尔维亚、黑山、斯洛文尼亚6个伙伴国秉持开放、自愿、共享的原则,通过加强电子商务领域的交流合作,共同探索互利共赢的合作新模式,共享数字经济发展红利。中国—中东欧电子商务合作对话机制的启动,为中国与中东欧国家数字经济领域合作迈出了坚实的步伐。

四、绿色经济合作成为中国与中东欧国家经贸合作新重点

发展绿色经济是中国与中东欧国家社会经济发展共同追求的目标,也是双方在创新合作领域的重要组成部分。中国政府已经向全世界宣布了"2030年前实现碳达峰"和"2060年前实现碳中和"目标规划。中东欧国家将疫情视为实现绿色经济的机遇之窗。由于煤炭在中东欧国家能源结构中占比很高,中东欧国家普遍面临能源转型挑战,这也将是欧盟能否实现碳中和目标的关键。中东欧国家制定了各自的减排目标和能源转型任务,大力投资氢能、核能、光能、风能等清洁能源。众多中国企业积极参与中东欧国家能源转型,多家中国新能源整车、锂电池、零部件生产企业在中东欧设立工厂。一大批绿色低碳、生态环保、普惠民众的清洁能源项目稳步推进,黑山莫祖拉风电站、塞尔维亚潘切沃联合循环电站、波黑达巴尔水电站等项目落成运营或启动建设,为当地带来巨大经济收益和环境收益。双方可充分借助中国—中东欧国家环保合作机制,鼓励中国与中东欧国家城市间实施绿色环保示范工程项目,主要涵盖清洁能源、绿色交通、节能环保、绿色建筑等领域。普通制造业项目很可能不在其中,但是,即使没有被贴绿标,也依然应该达到环境标准,不能超标排碳。鼓励太阳能、潮汐能、氢能、风能等清洁能源合作研发,推动金融机构通过发行绿色金融基金、债券等手段支持绿色经济联合开发项目,为中国—中东欧国家合作增添绿色含量。

五、"跨境电商+中欧班列+海外仓"成为中国与中东欧国家经贸合作新利器

商务部数据显示,截至2020年底,中欧班列已覆盖大部分中东欧国家。中欧商贸物流合作园区作为代表,积极探索"海外仓建设公共服务平台",通过全链托管、租库独立建仓、租库自管+使用园区提供的公共服务等多种方式,为企业提供可供租用的仓储设施,同时提供建仓企业自身较难解决的报关、保税、配送等公共服务。2021年6月8日启动的中国—中东欧国家电子商务合作对话机制能有效加快电商基础设施投资、海外仓等物流基础设施建设、电子商务人才交流等项目进程,提高中东欧地区互联网技术的应用水平。同时,对切佩尔港物流园企业海外仓和德国不来梅跨境电商海外仓实行双仓联动,目前两仓均具有欧盟海关委员会颁发的最高级别"经认证的经营者"(AEO)F级安全认证等资质,极大地方便了企业运营。

六、《中欧全面投资协定》谈判的完成为深化中国与中东欧国家经贸合作开拓了新领域

中东欧国家中有12个是欧盟成员国,协定谈判的完成为推进中国和中东欧国家双边投

资带来利好。《中欧全面投资协定》谈判的完成将为中欧相互投资提供更大的市场准入、更高水平的营商环境、更有力的制度保障、更光明的合作前景。

中欧投资协定谈判的如期完成和《中华人民共和国政府与欧洲联盟地理标志保护与合作协定》的签署,将为中国与中东欧国家加大相互开放、打造高质量互利合作提供制度性保障,尤其是中欧投资协定,会使得双方未来双边的投资持续增加,全球供应链的衔接更加紧密。在这个过程中,电子商务一定会受益于这两个协定,原因就在于,这两个协定不仅会推动双边投资关系更加紧密,也会使双边贸易不断扩大,电子商务这样的新平台、新业态和新模式就会有更大的用户空间,也会获得更高速的成长。

中国根据《中欧全面投资协定》可以争取进一步放宽中东欧国家教育培训、卫生医疗、文化创意、科研创新、金融、证券、保险、跨境物流配送、售后服务等准入门槛以及与跨国公司全球产业链、供应链、价值链运营业务有关的企业业务活动。

《中欧全面投资协定》虽然还没有正式被批准生效,但该协定对中欧双方都是有利的,并不是某一方对另一方的施舍,相信假以时日双方会达成共识,为此我们要为该协定的生效做好充分准备。

第三节 中国与中东欧国家经贸合作面临的挑战分析

一、欧美国家政治因素对中国与中东欧国家经贸合作带来挑战

一是保护主义在欧美国家内部滋生。当前单边主义、多边主义不断抬头,中东欧国家作为"欧洲工厂"以及欧盟的重点扩容对象,其政治、经济方面的快速发展是欧盟关注的重点。同时,欧盟也通过对其成员国的政策、法律、制度等方面深度影响着中东欧国家。与欧盟的政策沟通是中国—中东欧国家合作深入发展的重要保证。

二是一些国家对中国—中东欧国家经贸合作顾虑上升,不时出现"中国分裂欧洲"的论调。不少欧美国家在对华政策上态度比较谨慎,并对中国—中东欧国家经贸合作有一定限制。例如,尽管总体看,德国对华较为友好,但在中国—中东欧国家经贸合作问题上,德国显得十分谨慎。又如,法国的《费加罗报》《世界报》在报道中国与中东欧国家经贸合作时具有强烈的感情倾向和意识形态色彩,多采用负面的评价。因此,中国在展开中国—中东欧国家经贸合作时需要改变部分欧美国家对中国的固有认识,不断推动与欧美国家的政策沟通。

三是中东欧国家领导人变化引发的政策延续性问题。例如,在哈维尔执政期间,捷克对华态度一直较为冷淡。但在克劳斯、泽曼执政期间,捷克与中国签署"一带一路"建设谅解备忘录,参加"一带一路"国际合作高峰论坛,疫情期间与中国一起攻坚克难。因此,中国与中东欧国家开展深入的经贸合作时,应十分重视首脑外交对中国与中东欧国家经贸关系的推动作用,并不断关注中东欧国家政权动态。

二、"数字鸿沟"和"数据孤岛"等问题不可避免

一是个人隐私和数据保护进一步被放大。数字经济发展在面临重大机遇的同时,也暴

露出一系列短板,面临诸多挑战个人隐私和数据保护的风险,并在新冠肺炎疫情影响下进一步被放大。尤其是远程医疗、互联网金融等新业态会给当下的个人信息保护体系和数据安全治理体系带来很大挑战。因此,如何在数据保护与数据分享之间进行取舍,已成为一个亟待解决的问题。

二是中东欧国家尚未建立统一的数字监管框架和数字标准。疫情防控常态化背景下,"数字鸿沟"和"数据孤岛"等问题的存在,再加上中东欧国家在数字经济发展水平上存在明显差异,导致中东欧各国还未构建统一的数字监管框架及数字标准。波兰、捷克等国家的经济实力在所有中东欧国家中处于领先位置,其他中东欧国家相比这些国家在经济实力上存在明显差距,因此中东欧各国在数字经济发展上出现了不平衡。市场潜力大、人口数量众多的中东欧国家数字经济发展迅速,这也导致中东欧各国的数字经济发展出现了严重的两极分化的特点。上述这些因素已然成为中东欧国家数字经济发展中的重大障碍。

三是中国与中东欧地区数字治理和监管能力差异较大,因此给双方经贸合作带来阻碍。随着大数据、人工智能等数字技术的快速迭代,中东欧各国内部的制度规范和法律法规尚不完善,缺乏统一的数据治理体系,存在数字治理滞后问题,主要表现在数据收集、个人隐私、数据安全、互联网金融、互联网物流、海关等诸多方面尚未形成统一的标准和规范,一定程度上影响了中国与中东欧国家数字经济安全。

三、中国企业投资中东欧国家面临较多不确定性投资风险

虽然中国与中东欧地区具有较高的经贸合作契合度,但是也面临着来自地区内部和外部的投资风险。

一是中东欧各国国情不同且市场规模较小,区域层面缺少相互协调的经济发展战略。中东欧各国依旧各自为政,彼此之间还没有形成内部统一的大市场,但市场准入规则却像欧盟一样严格,如一些国家对企业资质和海外技术人员资格要求较高、认证程序复杂、当地利益集团对中资企业限制较多等。

二是中国在中东欧地区投资也可能受到欧盟、美国和俄罗斯的影响。例如,中国与俄罗斯建立了新时代全面战略协作伙伴关系,而一些国家则对俄罗斯持全面敌视态度,在政治、经济和社会事务上与俄罗斯纠纷不断。此外,中国在中东欧地区影响力扩大也可能引起欧盟的焦躁和不安。

三是中东欧各国对外商加强审查。随着《欧盟外商直接投资审查条例》于2020年10月11日正式实施,越来越多的欧盟成员国对其外商投资制度进行改革,以阻止外国投资者对其战略性行业和企业进行投机性收购。新冠肺炎疫情暴发加剧了欧洲各国政府对此问题的担忧,使其纷纷展现出收紧外商投资管控的趋势。目前欧盟已有16个成员国建立了外商投资审查机制。这将给中国企业在相关国家投资并购增加审查时间和不确定性。

四、中东欧国家战略诉求不一致,影响中国与中东欧国家长期、稳定深入合作

由于中东欧各个国家发展阶段的差异和宗教文化差别,难以形成一个统一的战略诉求,

及其与中国长期稳定的合作发展规划。例如,塞尔维亚向来与中国有着传统的友好关系,注重与中国的务实合作,合作领域不仅覆盖贸易、投资,在文化交流等领域也均有涉及。塞尔维亚希望通过加强与中国的经贸等多领域合作来降低其与欧盟关系持续恶化带来的负面效应。与之相比,波兰、斯洛伐克等其他中东欧国家长期以来对欧盟的依赖度较高,受到欧债危机等诸多因素的影响,这些中东欧国家希望加大与中国的经贸合作来提升本国经济,但这种合作时常断断续续,不具有长期性。

此外,中东欧国家在语言、文化、宗教等方面均存在一定差异。特别是,除了波兰、捷克等国外,中东欧其他国家由于经济规模较小、市场规模有限、缺少技术优势,且受到国内历史遗留问题影响,使中东欧各国发展需求呈现差异化,难以形成一个统一的战略发展需求,这给未来中国与中东欧国家在经贸领域展开深入合作带来很大挑战。

第三章
中东欧国家营商环境评估

中东欧国家差异性大,非同质化现象突出。中东欧国家的人口规模和面积均存在很大差异,波兰人口是黑山人口的60多倍,文化与宗教信仰也存在较大差异,12个中东欧国家已加入欧盟,6个国家加入欧元区,7个国家加入经济合作与发展组织。

第一节 体制政策评估

一、政治体制及地缘政治环境分析

目前,中东欧国家总体保持政治稳定,但是尚未形成稳定的政党制度,政党的分化组合尚在继续。由于国内政治生态的变化,中东欧国家的政治转型也可能发生有限的逆转,出现以民主方式行集权之实、以合法方式破坏法治的独特现象。由于欧盟作为外部约束的存在,政治转型的逆转是有限的。由于个别国家经济社会问题的恶化,不排除出现政治危机的可能性。政治危机通过非宪法方式解决的可能性微乎其微。

中东欧国家所处的地缘政治格局基本稳定。东欧剧变后,中东欧国家的外交政策重点是加入欧盟与北约。中东欧国家的加盟入约意味着雅尔塔体系的彻底终结,中东欧国家从苏联的势力范围成为美欧的势力范围,从而结束了冷战后中东欧出现的战略真空期。中东欧国家面临着"双重依赖",一方面中东欧国家在安全上依赖于美国主导的北约,另一方面在经济上依赖于欧盟。在一定程度上,中东欧国家的加盟入约意味着内政外交自主性的下降,在涉及重大战略问题的外交布局上,中东欧国家的利益不得不服从于美欧的利益。

二、经贸体制分析

1990年以来,中东欧国家彻底摒弃了运行不良的中央计划经济,建立了市场经济体制。与发达国家相比,中东欧国家市场经济离成熟尚有一定距离。中东欧国家在社会领域如教育、医疗和养老等的改革尚未完成,未来转型的任务仍相当艰巨。2004年加入欧盟的中东欧国家发展步伐明显加快。2008年国际金融危机爆发后,一些中东欧国家遭到严重冲击,如匈牙利等国不得不接受国际货币基金组织和欧盟的救助。欧洲债务危机导致需求下降,直接影响中东欧国家的出口部门,导致经济增长放缓。但从中东欧国家经济的基本面看,中东欧国家的经济增长潜力将好于欧盟老成员国。

中东欧国家自 1990 年以来实行贸易自由化,除少数商品受许可证和配额限制外,其他商品贸易不受限制。欧盟新成员国适用共同体的非关税措施,包括反补贴、反倾销、保障措施、数量限制和进出禁令等。进入欧盟新成员国市场的产品必须符合欧盟的技术标准。其他尚未加入欧盟的中东欧国家均以加入欧盟为目标,其贸易体系日益开放,贸易体制与欧盟逐步接轨。中东欧非欧盟成员国由于未加入欧盟,尚保持着贸易政策的权能,其贸易政策不受欧盟的约束。

三、投资政策分析

中东欧国家对外资实行国民待遇,除金融保险、港口、机场、法律服务等特殊行业需事先申请许可外,外商可自由投资其他任何行业。外商可以将利润、股息和投资资本汇出,也可以购买房地产和其他资产。外国投资者获得保护,不受国有化、没收、征用影响。中东欧的欧盟成员国的会计法、银行法、竞争保护法、公司税法、消费者保障法、关税法及金融服务法等已与欧盟法律实现对接。中东欧国家对外资实行一定的优惠政策,欧盟新成员国的优惠政策受欧盟法规的约束。如波兰加入欧盟后实行欧盟关于公共资助的政策规定,根据欧盟规定,政府可以对本国企业的投资给予公共资助,即地区发展资助、水平资助和产业资助。捷克采用欧盟国家资助规则,减少对制造业投资项目的税收优惠和资金补贴,加大对技术中心和商业支持服务投资项目的支持力度。匈牙利对投资于技术更新和在匈牙利设立区域中心的外国投资,给予资金支持和补贴,对外国在匈牙利的生产性企业提供税收优惠。克罗地亚对外资的激励涉及税收激励、关税激励、就业激励、教育培训激励、投资项目资本支出激励、劳动密集型项目激励。波黑对外国投资者用于投资的设备免征关税。国内或外国的法人或自然人可以设立自由贸易区。黑山向投资者提供税收减免的政策。地方政府以公用事业费的减免、优惠的土地购买或租赁价格、降低房地产税税率等形式激励投资者投资。黑山不限制利润、股息和利息的汇出;土地法给予外国投资者国民待遇,外国投资者可获得土地或房地产完全的产权。北马其顿宪法规定外国人可在北马其顿依法获得产权;外国投资者的投资和利润可以自由转移。北马其顿向外国投资者提供激励,这些措施包括免征关税、税收减免等。根据技术工业开发区法,技术和工业区的投资者可享受长达 10 年的企业所得税、增值税、关税、职工个人所得税的减免。塞尔维亚对在制造业、服务业和特定部门投资的外国直接投资提供国家资助,资助金额依据投资额、创造就业人数以及投资区域的发展水平的不同而有所不同。

四、经营环境及税收政策分析

中东欧国家走向市场经济,经济自由获得保障,但是企业经营的环境不尽相同。中东欧国家环境规制较为复杂,欧盟成员国的市场和技术准入标准较高,西巴尔干国家以加入欧盟为目标,其环境规制日益向欧盟靠拢。中东欧国家的基础设施市场受到严格监管,对项目招投标、工程施工以及技术标准均有严格的法律要求。

比如中国在捷克投资就面临一些问题:一是对中国人签证限制较严,办理时间较长,程序复杂；二是欧盟限制措施影响某些中国半成品和原材料进口成本，进而影响中国在捷克投资企业的竞争能力；三是文化差异较大，与当地的融合度不高等。

中东欧国家均建立了以增值税和所得税为核心的税收制度，其中部分中东欧国家实行单一税率制度。由于加入欧盟，新成员国的税收体系日益与西欧趋同。中东欧国家主要税种税率见表3-1。

表3-1 中东欧国家主要税种税率（2021年） %

国家	公司所得税	个人所得税	增值税	国家	公司所得税	个人所得税	增值税
波兰	19	18~32	23	爱沙尼亚	21	21	20
捷克	19	15	21	拉脱维亚	15	23	21
匈牙利	9	15	27	克罗地亚	18	24~36	13
斯洛伐克	21	19~25	20	阿尔巴尼亚	15	13~23	20
罗马尼亚	16	10	19	塞尔维亚	15	10	20
斯洛文尼亚	19	16~50	22	北马其顿	10	10	18
保加利亚	10	10	20	黑山	9	9	19
希腊	28	22~45	24	波黑	10	10	17

资料来源：www.worldwide-tax.com。

第二节 开办企业程序评估

中东欧国家在"一带一路"建设沿线国家整体运营风险评估中属低风险、宜投资地区。中东欧国家寻求外部投资发展经济愿望强烈，制定了各项优惠税制和投资奖励机制，在中东欧大多数国家开公司相对较容易，在劳动力监管与成本方面有显著优势。但中东欧各国差别较大，许多中东欧国家对外政策易受域外大国影响，企业投资有一定政治风险。

一、营商环境便利度排名分析

营商环境是伴随企业活动整个过程的各种周围境况和条件的总和，包括影响企业活动的社会要素、经济要素、政治要素和法律要素等。

中东欧国家营商环境便利度排名见表3-2。

表3-2 中东欧国家营商环境便利度排名

国家	2016年	2017年	2018年	2019年
阿尔巴尼亚	97	58	65	82
波黑	79	81	86	90
保加利亚	38	39	50	61
克罗地亚	40	43	51	51
捷克	36	27	30	41
爱沙尼亚	16	12	12	18
匈牙利	42	41	48	52

续表

国　家	2016 年	2017 年	2018 年	2019 年
拉脱维亚	22	14	19	19
立陶宛	20	21	16	11
北马其顿	12	10	11	17
黑山	46	51	42	50
波兰	25	24	27	40
罗马尼亚	37	36	45	55
塞尔维亚	59	47	43	44
斯洛伐克	29	33	39	45
斯洛文尼亚	29	30	37	37
希腊	61	67	72	79

资料来源：世界银行《营商环境报告》。

注：指数：1～190，1 为最好。

二、开办企业得分分析

由表 3-3 可知，希腊 2019 年开办企业的得分为 96.0，在中东欧国家中排在第 1 位，在全球 190 个经济体中排在第 11 位。北马其顿 2016—2017 年在全球 190 个经济体中一直保持前 5 名，而在 2019 年，北马其顿开办企业的得分仅为 88.6，相比 2016 年下降了近 12 分，在全球 190 个经济体中排在第 78 位，排名下降 70 多个名次。

表 3-3　中东欧国家开办企业得分及排名

国　家	2016 年		2017 年		2018 年		2019 年	
	得分	排名	得分	排名	得分	排名	得分	排名
阿尔巴尼亚	90.1	58	91.7	46	91.5	45	91.8	53
波黑	63.5	175	65.1	174	65.9	175	60.0	184
保加利亚	91.1	52	86.8	82	85.4	95	85.4	113
克罗地亚	86.2	83	85.5	95	86.4	87	85.3	114
捷克	85.2	93	86.9	81	87.4	81	82.1	134
爱沙尼亚	95.1	15	95.1	14	95.2	12	95.4	14
匈牙利	90.6	55	87.3	75	87.6	79	88.2	87
拉脱维亚	94.2	27	94.1	22	94.1	21	94.1	26
立陶宛	97.1	8	93.0	29	93.1	27	86.7	34
北马其顿	99.9	2	98.1	4	93.9	22	88.6	78
黑山	90.1	59	90.1	58	90.1	60	86.7	101
罗马尼亚	91.9	45	89.5	62	89.7	64	87.7	91
塞尔维亚	88.9	65	91.7	47	92.6	32	89.3	73
斯洛伐克	88.5	68	88.6	68	87.0	83	84.8	118
斯洛文尼亚	94.5	18	91.4	49	91.5	46	93	41
希腊	/	/	/	/	/	/	96.0	11
波兰	85.94	85	84.22	107	82.78	120	82.85	121

资料来源：世界银行《营商环境报告》。

注：每一年选择国家范围不同，得分为 1～100，100 最好；排名 1 为最好；"/"代表数据缺失。

三、开办企业所需时间分析

由表 3-4 得到图 3-1 可知,爱沙尼亚 2019 年完成开办企业所需时间为 3.5 天,在中东欧国家中是完成开办企业所需时间最短的国家;波黑 2019 年完成开办企业所需时间为 80 天,长达两月多才能完成企业的开办,在中东欧国家中属于开办企业所需时间最长的国家,且几年没有出现较大的变化。

表 3-4 中东欧国家开办企业所需时间　　　　　　　　　　天

国　　家	2016 年	2017 年	2018 年	2019 年
阿尔巴尼亚	5.5	5	5	5
波黑	67	65	65	81
保加利亚	18	23	23	23
克罗地亚	12	7	7	22.5
捷克	15	9	9	24.5
爱沙尼亚	3.5	3.5	3.5	3.5
匈牙利	5	7	7	7
拉脱维亚	5.5	5.5	5.5	5.5
北马其顿	1	2	7	14
黑山	10	10	10	12
波兰	30	37	37	37
罗马尼亚	8	12	12	35
立陶宛	3.5	5.5	5.5	5.5
塞尔维亚	12	7	5.5	5.5
斯洛伐克	11.5	11.5	12.5	26.5
斯洛文尼亚	6	7	7	8
希腊	13	13	12.5	12.5

数据来源:世界银行《营商环境报告》

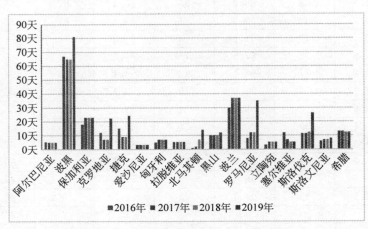

图 3-1 中东欧国家开办企业所需时间

四、仓库建设所需时间分析

由表 3-5 得到图 3-2 可知,2016—2019 年,立陶宛、北马其顿、保加利亚仓库建设所需的平均时间在中东欧国家中属于较短的,其在 2019 年各自所需时间分别为 74 天、91 天和 97 天。2019 年,阿尔巴尼亚仓库建设所需时间为 324 天,在中东欧国家中是仓库建设所需时间最长的国家。

表 3-5　中东欧国家仓库建设所需时间　　　　　　　　　　　　　　　　天

国　　家	2016 年	2017 年	2018 年	2019 年
阿尔巴尼亚	324	324	324	324
波黑	162	160	157	154
保加利亚	97	97	97	97
克罗地亚	146	146	146	146
捷克	246	246	246	246
爱沙尼亚	103	103	103	103
匈牙利	212.5	212.5	192.5	192.5
拉脱维亚	192	192	192	192
立陶宛	104	75	74	74
北马其顿	91	91	91	91
黑山	152	152	107	102
波兰	137	137	137	137
罗马尼亚	260	260	260	260
塞尔维亚	106	106	106	99.5
斯洛伐克	300	300	300	300
斯洛文尼亚	247.5	247.5	247.5	247.5
希腊	180	180	180	180

资料来源:世界银行世界发展指标数据库。

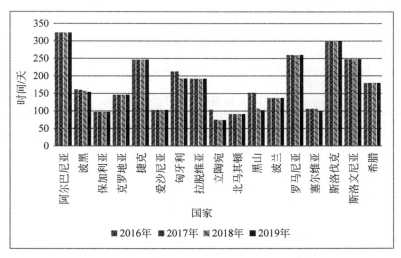

图 3-2　2016—2019 年中东欧国家仓库建设所需时间

五、履行合同所需时间分析

由表3-6可知,2019年,中东欧国家中希腊履行合同所需时间最长,需要的时间长达1 711天,2019年,履行合同所需时间最短的国家是立陶宛,仅需370天,相比希腊,时间缩短了3年多。

表3-6 中东欧国家履行合同所需时间 天

国家	2016年	2017年	2018年	2019年
阿尔巴尼亚	525	525	525	525
波黑	595	595	595	595
保加利亚	564	564	564	564
克罗地亚	650	650	650	650
捷克	678	678	678	678
爱沙尼亚	455	455	455	455
匈牙利	605	605	605	605
拉脱维亚	469	469	469	469
立陶宛	370	370	370	370
北马其顿	634	634	634	634
黑山	545	545	545	545
波兰	685	685	685	685
罗马尼亚	512	512	512	512
塞尔维亚	635	635	635	622
斯洛伐克	775	775	775	775
斯洛文尼亚	1 160	1 160	1 160	1 160
希腊	1 711	1 711	1 711	1 711

资料来源:世界银行世界发展指标数据库。

六、注册资产所需时间分析

由表3-7可知,2019年,中东欧国家中立陶宛的企业注册资产所需的时间是最短的,仅需3.5天,而波兰则需要135天才能完成企业注册资产。

表3-7 中东欧国家注册资产所需时间 天

国家	2016年	2017年	2018年	2019年
阿尔巴尼亚	19	19	19	19
波黑	24	35	35	35
保加利亚	19	19	19	19
克罗地亚	48	48	48	33
捷克	27.5	27.5	27.5	27.5
爱沙尼亚	17.5	17.5	17.5	17.5
匈牙利	17.5	17.5	17.5	17.5
拉脱维亚	16.5	16.5	16.5	16.5

续表

国　　家	2016 年	2017 年	2018 年	2019 年
立陶宛	3.5	3.5	3.5	3.5
北马其顿	30	30	30	30
黑山	69	69	69	69
波兰	33	33	80	135
罗马尼亚	15	15	14.5	14.5
塞尔维亚	34	34	34	33
斯洛伐克	16.5	16.5	16.5	16.5
斯洛文尼亚	50.5	50.5	50.5	50.5
希腊	26	26	26	26

资料来源：世界银行世界发展指标数据库。

七、办理施工建筑质量控制指数分析

由表 3-8 可知，2019 年，罗马尼亚、北马其顿、斯洛文尼亚、匈牙利、阿尔巴尼亚、立陶宛和波黑的指数均为 13，中东欧国家中指数最低的为捷克和斯洛伐克，这两国的指数为 8。

表 3-8　中东欧国家办理施工建筑质量控制指数

国　　家	2017 年	2018 年	2019 年
阿尔巴尼亚	13	13	13
波黑	13	13	13
保加利亚	13	13	14
克罗地亚	12	12	12
捷克	12	12	8
爱沙尼亚	11	11	11
匈牙利	13	13	13
拉脱维亚	12	12	12
立陶宛	11	11	13
北马其顿	13	13	13
黑山	12	12	10
波兰	10	10	10
罗马尼亚	13	13	13
塞尔维亚	13	13	14
斯洛伐克	10	10	8
斯洛文尼亚	12	12	13
希腊	/	/	12

资料来源：世界银行《营商环境报告》。
注："/"代表数据缺失。指数：0~15,15 为最好。

八、办理施工许可证的成本分析

本部分主要讨论成本的波动情况,用百分比来衡量变化幅度。

由表 3-9 可知,塞尔维亚办理施工许可证的成本占人均收入的百分比在 2018 年出现大幅度减少,下降到 1.8%,在 2019 年下降到 1.4%。波黑在 2017 年至 2019 年办理施工许可证的成本占人均收入的百分比先减少再增加,在 2019 年为 20.3%。

表 3-9 中东欧国家办理施工许可证的成本占人均收入的百分比   %

国　家	2017 年	2018 年	2019 年
阿尔巴尼亚	3.3	3.5	6.8
波黑	18.5	17.5	20.3
保加利亚	3.9	4.2	3.4
克罗地亚	8.3	9.4	9.2
捷克	0.3	0.2	0.2
爱沙尼亚	0.2	0.2	0.2
匈牙利	0.2	0.6	0.6
拉脱维亚	0.3	0.5	0.4
立陶宛	0.3	0.3	0.4
北马其顿	5.1	6.1	3.5
黑山	11.3	10.9	4.9
波兰	0.3	0.3	0.3
罗马尼亚	2.0	2.1	2.0
塞尔维亚	3.2	1.8	1.4
斯洛伐克	0.1	0.1	0.2
斯洛文尼亚	2.7	2.9	2.7
希腊	/	/	1.9

资料来源:世界银行《营商环境报告》。

注:"/"代表数据缺失。

九、办理施工许可证的程序分析

由表 3-10 可知,2019 年,希腊办理施工许可证所需要的程序数目为 7 个,在中东欧国家中是最少的,而罗马尼亚办理施工许可证所需要的程序数目为 24 个,在中东欧国家中是最多的。

表 3-10 中东欧国家办理施工许可证的程序   个

国　家	2017 年	2018 年	2019 年
阿尔巴尼亚	16	17	19
波黑	15	16	17
保加利亚	16	18	18
克罗地亚	19	18	22
捷克	21	21	21

续表

国家	2017年	2018年	2019年
爱沙尼亚	10	10	10
匈牙利	17	20	22
拉脱维亚	12	14	14
立陶宛	12	13	13
北马其顿	9	11	9
黑山	8	8	9
波兰	12	12	12
罗马尼亚	20	24	24
塞尔维亚	12	11	11
斯洛伐克	10	10	14
斯洛文尼亚	12	14	17
希腊	17	18	7

资料来源：世界银行《营商环境报告》。

十、办理施工许可证得分分析

由表3-11可知，2019年，塞尔维亚办理施工许可证的得分为85.3，在中东欧国家中排在第1位，在全球190个经济体中排在第9位，在全球排在较前名次的立陶宛办理施工许可证的得分为84.9，在中东欧国家中排在第2位，在全球190个经济体中排在第10位，波黑办理施工许可证的得分仅为48.6，在中东欧国家中排在最后一位，在全球190个经济体中排在第173位。

表3-11 中东欧国家办理施工许可证得分及排名

国家	2017年		2018年		2019年	
	得分	排名	得分	排名	得分	排名
阿尔巴尼亚	67.6	106	66.3	106	52.7	166
波黑	52.5	170	51.7	166	48.6	173
保加利亚	75.1	48	73.4	51	75.9	43
捷克	62.8	130	62.8	127	56.2	157
爱沙尼亚	82.6	9	82.5	8	82.6	19
匈牙利	71.7	69	67.9	90	67.0	108
拉脱维亚	78.9	23	73.4	49	73.5	56
立陶宛	80.4	16	81.4	12	84.9	10
北马其顿	81.7	11	78.0	26	83.5	15
黑山	68.8	93	69.3	78	76.1	40
波兰	75.2	46	75.2	41	76.4	39
罗马尼亚	68.7	95	58.1	150	58.4	147
塞尔维亚	76.3	36	82.4	10	85.3	9
斯洛伐克	67.82	103	67.8	91	59.4	146
斯洛文尼亚	70.32	80	67.0	100	65.3	119
希腊	73.63	58	72.48	58	75.29	39
克罗地亚	63.41	128	63	126	55.7	159

资料来源：世界银行《营商环境报告》。
注：得分为1～100，100最好；排名为1～190，1为最好。

十一、办理施工许可证时间分析

由表 3-12 得到图 3-3 可知,2019 年,阿尔巴尼亚在办理施工许可证时所需要的时间最长(324 天),立陶宛办理施工许可证所需要的时间为 74 天,在中东欧国家中最短。

表 3-12 中东欧国家办理施工许可证时间　　　　　　　　　　　天

国　　家	2017 年	2018 年	2019 年
阿尔巴尼亚	220	220	324
波黑	179	193	180
保加利亚	105	97	97
克罗地亚	127	126	146
捷克	247	247	246
爱沙尼亚	102	103	103
匈牙利	202	205.5	192.5
拉脱维亚	147	192	192
立陶宛	103	75	74
北马其顿	89	96	91
黑山	152	152	102
波兰	153	153	137
罗马尼亚	171	260	260
塞尔维亚	156	110	99.5
斯洛伐克	286	286	300
斯洛文尼亚	224.5	239.5	248
希腊	124	124	123

资料来源:世界银行《营商环境报告》。

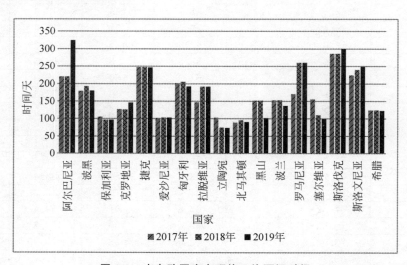

图 3-3　中东欧国家办理施工许可证时间

十二、执行合同得分分析

由表3-13可知,2019年立陶宛执行合同得分为78.8,在中东欧国家中排在第1位,在全球190个经济体中排在第7位,位于全球前列。其中上升最快的是斯洛伐克,其在2017年全球190个经济体中排在第82位,而在2019年全球190个经济体中排在第46位,进步了36名。

表3-13 中东欧国家执行合同得分及排名

国家	2017年		2018年		2019年	
	得分	排名	得分	排名	得分	排名
阿尔巴尼亚	53.7	116	53.7	120	53.5	120
波黑	60.6	64	59.7	71	57.8	93
保加利亚	65.1	49	67.0	40	67.0	42
克罗地亚	75.9	7	70.6	23	70.6	27
捷克	60.4	68	58.2	91	56.4	103
爱沙尼亚	75.2	11	74.3	11	76.1	8
匈牙利	75.8	8	73.8	13	71.0	25
拉脱维亚	71.7	23	71.7	20	73.5	15
立陶宛	77.9	6	78.8	4	78.8	7
北马其顿	67.8	36	67.8	35	66.0	47
黑山	66.8	41	66.8	42	66.8	44
波兰	63.4	55	63.4	55	66.4	55
罗马尼亚	71.1	26	72.3	51	72.2	19
塞尔维亚	61.4	61	61.4	60	63.1	65
斯洛伐克	58.9	82	58.6	84	66.1	46
斯洛文尼亚	53.0	119	53.0	122	54.8	112
希腊	50.2	133	50.2	131	50.2	132

资料来源:世界银行《营商环境报告》。
注:得分为1~100,100最好;排名为1~190,1为最好。

十三、获得信贷得分分析

由表3-14可知,2019年黑山获得信贷的得分为85,在中东欧国家中排在第1位,在全球190个经济体中排在第15位,位于全球前列。

表3-14 中东欧国家获得信贷得分及排名

国家	2017年		2018年		2019年	
	得分	排名	得分	排名	得分	排名
阿尔巴尼亚	65	44	70	42	70	48
波黑	65	44	65	55	65	67
保加利亚	70	32	70	42	65	67
克罗地亚	55	75	55	77	50	104

续表

国家	2017年		2018年		2019年	
	得分	排名	得分	排名	得分	排名
捷克	70	32	70	42	70	48
爱沙尼亚	70	32	70	42	70	48
匈牙利	75	20	75	29	75	37
立陶宛	70	32	70	42	70	48
北马其顿	80	16	85	12	80	25
黑山	85	7	85	12	85	15
波兰	75	20	75	29	75	37
罗马尼亚	85	7	80	20	80	25
塞尔维亚	65	44	65	55	65	67
斯洛伐克	65	44	65	55	70	48
斯洛文尼亚	35	133	45	105	45	119
希腊	50	82	50	90	50	99
拉脱维亚	85	7	85	12	85	22

资料来源：世界银行《营商环境报告》。

注：得分为1～100，100最好；排名为1～190,1为最好。

第三节 贸易便利化评估

一、贸易壁垒程度

贸易壁垒程度从整体上看，2016—2019年大多呈现上升趋势，波黑平均分最低，为4.17。从区域划分看，波罗的海三国整体得分最高，为4.77；维谢格拉德四国得分为4.54；东南欧九国得分为4.44,其中克罗地亚最高，为4.97。中东欧国家贸易壁垒程度见表3-15。

表3-15 中东欧国家贸易壁垒程度

国家	2016年		2017年		2018年		2019年	
	价值	排名	价值	排名	价值	排名	价值	排名
罗马尼亚	4.50	47	4.73	32	4.63	42	4.8	37
北马其顿	4.35	66	4.47	62	/	/	4.0	118
塞尔维亚	4.20	81	4.01	101	4.00	101	4.5	65
斯洛伐克	4.61	32	4.45	64	4.45	60	4.7	46
斯洛文尼亚	4.48	49	4.62	42	4.63	44	5.1	18
匈牙利	4.54	36	3.81	114	4.14	91	4.4	70
阿尔巴尼亚	3.82	119	4.26	81	4.34	75	5.1	16
保加利亚	4.10	98	4.24	84	4.22	82	4.3	90
波黑	4.16	88	3.96	105	3.85	114	4.7	41
波兰	4.35	65	4.56	54	4.56	50	4.4	68
黑山	4.36	61	4.56	52	4.50	56	4.4	69
捷克	4.65	27	4.97	16	5.12	14	4.9	32

续表

国家	2016年		2017年		2018年		2019年	
	价值	排名	价值	排名	价值	排名	价值	排名
克罗地亚	4.88	16	5.02	13	4.99	23	5.0	22
拉脱维亚	4.69	24	4.82	28	5.01	22	5.2	11
立陶宛	4.13	93	4.28	79	4.36	72	4.7	43
爱沙尼亚	4.77	20	4.85	22	4.82	25	5.1	20
希腊	4.32	68	4.39	67	4.49	58	4.51	63

资料来源：根据世界经济论坛数据整理得到。

注："/"代表原始数据缺失。

二、海关程序

海关程序反映了其烦琐程度，是边境管理中的重要一环。从总体上看，海关程序复杂度较高。按照世界经济论坛《全球贸易促进报告》的7分制评价标准体系，2018年中东欧国家海关程序的得分普遍不高，各国的海关程序总体上处于比较低的水平。2015—2018年，各国的海关程序价值普遍呈上升趋势，说明了中东欧国家海关程序便捷程度在不断改善。

2018年，爱沙尼亚、斯洛文尼亚、匈牙利、捷克的海关程序价值得分较高，世界排名为第10名、第28名、第30名、第34名（表3-16）。阿尔巴尼亚2015年的得分仅为3.36，排名112，但是2018年的价值提升为4.00，排名77，是中东欧国家中上升最明显的。

表3-16 中东欧国家海关程序价值及排名

国家	2015年		2016年		2017年		2018年	
	价值	排名	价值	排名	价值	排名	价值	排名
罗马尼亚	3.70	86	4.03	65	4.06	69	4.16	68
塞尔维亚	3.57	96	3.55	94	3.54	101	3.86	87
斯洛伐克	4.48	48	4.47	44	4.40	54	4.50	53
斯洛文尼亚	4.86	30	4.90	28	5.01	26	5.05	28
匈牙利	4.83	31	4.67	34	4.78	35	4.99	30
阿尔巴尼亚	3.36	112	3.53	98	3.74	86	4.00	77
爱沙尼亚	5.33	13	5.27	14	5.40	13	5.50	10
保加利亚	4.07	67	3.80	78	3.83	77	3.89	85
波黑	4.16	62.5	3.33	112	3.35	115	3.28	116
波兰	4.25	58	4.36	49	4.58	40	4.58	46
黑山	4.08	65	4.02	66	4.07	67	4.24	61
捷克	4.49	47	4.63	35	4.84	33	4.94	34
克罗地亚	4.60	41	4.56	40	4.42	51	4.21	64
拉脱维亚	4.52	45	4.57	38	4.30	58	4.27	60
立陶宛	4.57	43	4.49	42	4.56	41	4.63	43
北马其顿	4.61	40	4.55	41	4.62	39	4.66	39
希腊	4.09	65	4.12	62	4.18	64	4.23	63

资料来源：根据世界经济论坛数据整理得到。

第四节 清廉程度评估

中东欧各国政府在国家经济发展各阶段扮演重要角色,从基础设施建设规划到公共投资决策,从宏观经济政策制定到经济制度完善,都显示出政府执政水平与能力。政府清廉程度决定政府执政能力、行政效率,进而对国家整体经济发展产生重大影响。本节通过列举中东欧各国政府清廉程度排名,剖析其对中国—中东欧国家经贸合作的影响。

一、清廉程度数据

(一)司法独立性得分及排名

中东欧国家司法独立性得分及排名见表3-17。

表3-17 中东欧国家司法独立性得分及排名

国家	2015年		2016年		2017年		2018年		2019年	
	得分	排名	得分	排名	得分	排名	得分	排名	得分	排名
阿尔巴尼亚	2.64	120	2.65	125	2.6	123	2.4	126	2.1	136
波黑	2.86	110	2.91	116	2.85	117	2.4	124	2.2	133
保加利亚	2.69	116	3.02	110	3	108	3.2	95	3.3	89
克罗地亚	2.97	109	3.16	100	3.22	99	2.5	120	2.4	126
捷克	3.79	68	3.87	62	4.28	50	4.6	43	4.5	48
爱沙尼亚	5.52	20	5.67	19	5.68	21	5.5	18	5.4	22
匈牙利	3.86	66	4.04	56	3.61	79	3.1	103	3.0	102
拉脱维亚	3.91	63	4.01	58	4.16	55	3.7	75	3.7	74
立陶宛	3.71	71	3.65	71	3.87	68	4.3	55	4.2	53
北马其顿	3.17	98	3.52	79	3.27	98	/	/	2.4	127
黑山	3.64	75	3.37	90	3.43	88	3.8	68	4.1	59
波兰	4.09	54	4.11	54	4.19	54	2.8	114	3.7	118
罗马尼亚	2.83	114	3.46	84	3.96	66	4.3	54	4.0	62
塞尔维亚	2.56	124	2.56	118	2.61	123	3.0	107	3.0	101
斯洛伐克	2.34	133	2.26	130	2.59	125	2.8	116	2.8	114
斯洛文尼亚	3.57	76	3.35	91	3.5	85	3.6	82	3.5	82
希腊	3.7	70	3.9	69	3.8	71	3.6	78	3.5	83

资料来源:世界经济论坛《全球竞争力报告》。
注:得分为1~7,7为最好;排名1为最好;"/"代表数据缺失。

(二)政府解决法规冲突效率得分及排名

中东欧国家政府解决法规冲突效率得分及排名见表3-18。

表 3-18 中东欧国家政府解决法规冲突效率得分及排名

国家	2015年 得分	排名	2016年 得分	排名	2017年 得分	排名	2018年 得分	排名	2019年 得分	排名
阿尔巴尼亚	2.81	63	2.79	59	2.99	100	3.0	102	2.5	128
波黑	2.70	119	2.73	137	2.62	133	2.2	134	2.1	139
保加利亚	2.91	126	3.14	125	3.00	116	3.0	99	3.3	94
克罗地亚	2.28	129	2.19	126	2.06	126	1.9	139	1.9	140
捷克	3.31	113	3.10	97	3.07	80	3.4	84	3.5	85
爱沙尼亚	4.28	40	4.33	41	4.38	40	4.2	39	4.4	40
拉脱维亚	2.99	104	2.86	117	2.70	97	2.9	109	3.3	93
立陶宛	3.70	83	3.77	77	3.70	76	3.8	60	4.0	61
北马其顿	3.87	99	3.43	99	/	/	/	/	2.5	129
黑山	3.55	45	3.48	48	3.54	53	3.8	61	4.2	42
波兰	3.67	97	3.51	106	2.95	114	3.0	106	3.0	107
罗马尼亚	3.31	122	3.17	115	3.43	105	4.0	53	3.9	64
塞尔维亚	2.73	137	2.70	132	2.72	124	2.9	108	3.1	104
斯洛伐克	2.20	139	2.13	133	2.19	102	2.3	128	3.2	99

资料来源:世界经济论坛《全球竞争力报告》。

注:每一年选择国家范围不同,得分为1~7,7最好;排名1最好;"/"代表数据缺失。

(三) 政府监管负担得分及排名

中东欧国家政府监管负担得分及排名见表3-19。

表 3-19 中东欧国家政府监管负担得分及排名

国家	2015年 得分	排名	2016年 得分	排名	2017年 得分	排名	2018年 得分	排名	2019年 得分	排名
阿尔巴尼亚	4.52	9	4.65	11	4.64	14	4.9	6	4.4	18
波黑	2.50	130	2.58	125	2.49	127	2.2	135	2.1	137
保加利亚	3.16	94	3.49	66	3.35	72	3.4	72	3.7	53
克罗地亚	2.13	137	2.02	135	1.88	135	1.9	138	1.9	139
捷克	2.81	120	2.80	111	2.63	119	2.8	116	2.7	121
爱沙尼亚	4.02	23	4.09	24	4.08	25	4.0	30	4.1	24
匈牙利	2.58	128	2.64	123	2.92	106	3.1	95	3.0	106
拉脱维亚	3.52	59	3.30	85	2.91	107	3.3	81	3.6	67
立陶宛	3.06	103	3.18	92	3.06	97	3.0	106	3.3	85
北马其顿	3.88	35	3.68	49	/	/	/	/	3.0	105
黑山	3.64	48	3.55	58	3.63	52	3.9	38	4.0	32
波兰	2.78	122	2.70	119	2.79	112	2.8	111	2.9	113
罗马尼亚	3.12	99	2.68	122	2.56	124	2.9	108	3.0	102
塞尔维亚	2.2	136	2.44	128	2.58	122	2.8	113	3.1	95
斯洛伐克	2.39	132	2.33	131	2.37	129	2.5	129	2.4	135
斯洛文尼亚	2.59	127	2.74	116	2.67	118	2.6	122	2.6	126

资料来源:世界经济论坛《全球竞争力报告》。

注:每一年选择国家范围不同,得分为1~7,7最好;排名1最好;"/"代表数据缺失。

(四）贪污腐败印象指数得分及排名

中东欧国家贪污腐败印象指数得分及排名见表 3-20。

表 3-20 中东欧国家贪污腐败印象指数得分及排名

国家	2015 年		2016 年		2017 年		2018 年		2019 年	
	得分	排名	得分	排名	得分	排名	得分	排名	得分	排名
阿尔巴尼亚	36	88	39	83	38	91	38	77	36	85
波黑	38	76	39	83	38	91	38	77	38	77
保加利亚	41	69	41	75	43	71	43	61	42	65
克罗地亚	51	50	49	55	49	57	49	50	48	54
捷克	56	38	55	47	57	42	57	38	59	36
爱沙尼亚	70	23	70	22	71	21	81	21	73	18
匈牙利	51	50	48	57	45	66	45	57	46	57
拉脱维亚	56	38	57	44	58	40	58	37	58	39
立陶宛	59	36	59	38	59	38	59	35	59	36
北马其顿	42	66	37	90	35	107	35	91	37	81
黑山	44	61	45	64	46	64	46	56	45	58
波兰	63	29	62	29	60	36	60	33	60	34
罗马尼亚	46	58	48	57	48	59	48	52	47	55
塞尔维亚	40	71	42	72	41	77	41	66	39	75
斯洛伐克	51	50	51	54	50	54	50	47	50	51
斯洛文尼亚	60	34	61	31	61	34	61	34	60	34

注：得分为 0～100，100 为最好；排名 1 为最好。

（五）保护少数股东的利益得分及排名

中东欧国家保护少数股东的利益得分及排名见表 3-21。

表 3-21 中东欧国家保护少数股东的利益得分及排名

国家	2015 年		2016 年		2017 年		2018 年		2019 年	
	得分	排名	得分	排名	得分	排名	得分	排名	得分	排名
阿尔巴尼亚	4.11	67	4.17	57	4.03	66	3.8	111	3.3	129
波黑	2.69	139	2.79	137	2.71	134	3.3	130	3.3	131
保加利亚	3.68	103	3.77	89	3.86	83	3.6	118	3.9	105
克罗地亚	3.55	111	3.71	96	3.64	102	3.5	122	3.8	111
捷克	4.32	50	4.36	43	4.35	48	4.7	49	4.7	49
爱沙尼亚	4.35	47	4.35	44	4.36	47	5.4	28	5.4	28
匈牙利	3.78	90	4.14	60	4.14	57	3.8	108	4.0	99
拉脱维亚	3.90	80	3.51	114	3.10	128	4.4	66	4.7	52
立陶宛	3.84	85	3.82	86	3.84	88	4.5	62	4.7	50
黑山	3.68	102	3.57	110	3.83	90	4.2	75	4.3	72

续表

国家	2015年		2016年		2017年		2018年		2019年	
	得分	排名	得分	排名	得分	排名	得分	排名	得分	排名
波兰	4.15	63	4.08	67	3.96	73	3.9	98	4.1	90
罗马尼亚	3.72	93	3.48	118	3.79	93	4.8	43	4.6	54
塞尔维亚	2.80	138	3.01	134	3.02	132	3.7	115	3.9	106
斯洛伐克	3.74	92	3.70	99	3.86	81	4.4	68	4.4	66
斯洛文尼亚	3.40	121	3.71	98	3.61	107	4.5	59	4.6	55

资料来源：世界经济论坛《全球竞争力报告》。

注：每一年选择国家范围不同，得分为1～7，7最好；排名1最好；"/"代表数据缺失。

（六）投资者保护的力度得分及排名

中东欧国家投资者保护的力度得分及排名见表3-22。

表3-22　中东欧国家投资者保护的力度得分及排名

国家	2015年		2016年		2017年		2018年		2019年	
	得分	排名	得分	排名	得分	排名	得分	排名	得分	排名
阿尔巴尼亚	7.3	6	7.3	8	7.2	18	6.7	32	6.7	37
波黑	5.4	77	5.7	63	5.5	74	7.0	24	7.0	28
保加利亚	6.8	14	7.2	14	7.3	13	7.3	15	7.0	28
克罗地亚	5.8	55	6.5	29	6.7	26	8.0	5	7.7	12
捷克	5.4	77	5.8	57	6.0	51	6.0	56	6.0	64
爱沙尼亚	5.8	55	5.5	73	6.0	51	5.7	69	5.7	75
匈牙利	4.8	95	5.5	73	5.5	74	6.0	56	6.0	64
拉脱维亚	6.0	48	6.0	49	6.3	41	6.7	32	6.7	37
立陶宛	5.5	74	6.2	47	6.2	49	6.7	32	7.3	17
北马其顿	6.7	21	7.2	14	/	/	8.0	5	8.0	7
黑山	6.1	42	6.3	36	6.3	41	6.0	56	6.0	64
波兰	6.3	32	6.0	49	6.3	41	6.0	45	6.3	55
罗马尼亚	6.2	39	5.8	57	6.0	51	6.0	56	6.0	64
塞尔维亚	6.3	32	5.5	73	5.7	66	6.3	45	6.3	55
斯洛伐克	5.1	88	5.3	79	5.3	79	6.0	56	6.0	64
斯洛文尼亚	6.8	14	7.5	7	7.5	9	6.7	32	6.7	31

资料来源：世界经济论坛《全球竞争力报告》。

注：得分为1～8，8为最好；排名1为最好；"/"代表数据缺失。

二、清廉程度数据分析

（一）司法独立性得分及排名分析

如表3-17所示，2019年爱沙尼亚的司法独立性得分为5.4，全球排在第22位，捷克也在全球50名内，排名为48，得分为4.5。2015—2019年，爱沙尼亚的司法独立性得分均保持在

5.6 分左右,全球的排名均在 20 上下,爱沙尼亚的司法独立性较好,而阿尔巴尼亚、波黑、北马其顿和克罗地亚 2015—2019 年的司法独立性得分在全球的排名相对靠后。

(二)政府解决法规冲突效率得分及排名分析

如表 3-18 所示,2019 年爱沙尼亚的政府解决法规冲突效率得分最高,为 4.4,在全球排在第 40 位,且 2015—2019 年爱沙尼亚的得分均在 4.3 左右,排名均在 40 上下,爱沙尼亚的政府解决法规冲突效率较高。2015—2019 年,克罗地亚、塞尔维亚和波黑三个国家的政府解决法规冲突效率得分均在 1.9~3.1 分,在全球的排名较为靠后,这三个国家的政府解决法规冲突效率较低。

(三)政府监管负担得分及排名分析

如表 3-19 所示,2015—2019 年爱沙尼亚的政府监管负担得分均在 4 分以上,2019 年得分为 4.1,在全球排名为 24。而阿尔巴尼亚在 2015—2019 年的得分呈波动下降态势,2019 年阿尔巴尼亚的政府监管负担得分在中东欧国家中最高,达到 4.4,在全球排第 18 位,相对靠前。2015—2019 年,波黑和斯洛伐克的政府监管负担得分均在 2.3 分左右,在全球的排名相对靠后,表明其政府监管负担的承受能力相对不足。

(四)贪污腐败印象指数得分及排名分析

如表 3-20 所示,2019 年爱沙尼亚的贪污腐败印象指数得分在中东欧国家中最高,达到 73 分,在全球排名为 18 位。2015—2019 年爱沙尼亚的得分均在 70 分以上,排名均在 25 名内,表明爱沙尼亚的政府官员廉洁程度较高,腐败程度较低。2017—2018 年北马其顿的贪污腐败印象指数得分较低,均为 35 分,2017 年在全球排第 107 位,2018 年在全球排第 91 位,表明北马其顿的腐败程度较高。

(五)保护少数股东的利益得分及排名分析

如表 3-21 所示,2019 年爱沙尼亚保护少数股东的利益得分最高,为 5.4 分,捷克相对靠前,得分为 4.7 分,它们在全球的排名分别为 28 和 49,2015—2017 年爱沙尼亚和捷克的得分每年均相差不大,全球的排名均在 50 名内。在中东欧国家中,2019 年波黑保护少数股东的利益得分及排名相对较差,表明波黑在保护少数股东利益方面做得不够。

(六)投资者保护的力度得分及排名分析

如表 3-22 所示,2019 年北马其顿投资者保护的力度得分最高,达到 8.0 分,在全球排第 7 位,紧随其后的是克罗地亚和立陶宛,可见这三个国家在投资者保护的力度方面较好。克罗地亚 2015—2018 年的得分逐年上升,在 2018 年得分达到 8.0 分。爱沙尼亚 2015—2019 年投资者保护的力度得分在中东欧国家中较低,保持在 5.7 分上下,表明爱沙尼亚在投资者保护的力度方面还比较欠缺。

第五节 市场发展评估

根据世界经济论坛《全球竞争力报告》，本节对中东欧国家国内外市场规模指数得分及排名、本地供应商数量和质量得分及排名、当地竞争的强度得分及排名、公司董事会的效率得分及排名、集群发展状况得分及排名进行了分析。由于世界经济论坛2018年以后（集群发展状况得分及排名为2019年以后）没有对上述指标进行统计和排名，所以本节的分析缺少近几年的数据。

（一）国内外市场规模指数得分及排名分析

2013—2017年波兰的国内外市场规模指数得分均值及排名最高，波兰国内外市场规模较大。在中东欧国家中，2013—2017年黑山的国内外市场规模指数得分相对来说较低，国内外市场规模较小。

2013—2017年，波兰、罗马尼亚和捷克的国内市场规模指数得分均保持在4分以上，波兰、匈牙利、捷克、罗马尼亚和斯洛伐克这五个国家的国外市场规模指数得分均保持在5分以上。

（二）本地供应商数量和质量得分及排名分析

立陶宛的本地供应商数量最多，2013—2017年的平均得分为5.036分，本地供应商质量也较好，在中东欧国家中排名第4，得分均在5分左右。捷克不仅本地供应商数量多，而且本地供应商质量好，在全球排名较为靠前。爱沙尼亚本地供应商数量虽然没有立陶宛和捷克的多，但是其本地供应商的质量较好，在中东欧国家中排第2名。黑山和塞尔维亚本地供应商数量与质量均在中东欧国家中排名较为靠后。

（三）当地竞争的强度得分及排名分析

捷克当地竞争的强度较大，2013—2017年的平均得分为5.77分，全球排名均在20名内，在中东欧国家中名列第一。捷克、爱沙尼亚、立陶宛这三个国家2013—2017年当地竞争的强度得分均在5.5分以上，全球排名均在40名内，这三个国家的当地竞争的强度较大。而黑山和阿尔巴尼亚当地竞争的强度较弱，在全球排名也较为靠后。

（四）公司董事会的效率得分及排名分析

2013—2017年爱沙尼亚公司董事会的效率得分均值最高，为5.396分，在中东欧国家中排第1位。爱沙尼亚2013—2017年公司董事会的效率得分逐年增加，效率越来越高。其次是立陶宛，其与爱沙尼亚相差不大，公司董事会的效率也在逐年增加。在中东欧国家中排名最后的是罗马尼亚，2013—2017年的得分均在4分左右，在全球的排名均在100名以外。

（五）集群发展状况得分及排名分析

在中东欧国家中捷克的集群发展状况最好，2015—2019年得分均值为3.884分，在全球排名均在60名内。而阿尔巴尼亚2015—2019年的集群发展状况较差，得分均值仅有2.962分，在全球的排名也较为靠后，在中东欧国家中排在最后。国家产业集群的壮大对促进区域经济发展、提升经济运行质量有着至关重要的作用。

第四章
中国与中东欧国家经贸合作的潜力评估

第一节 中国与中东欧国家经贸合作潜力的模型构建

一、基准引力模型

参照赵雨霖(2008)、张慧清(2017)、孙陪雷(2020)等学者的变量选取规则,结合中东欧国家特点,构建纳入经济规模、地理距离、营商环境等解释变量的扩展引力模型。

基准引力模型设置如下:

$$T_{ij} = A \times (Y_i Y_j)/D_{ij} \quad (4\text{-}1)$$

式中,T_{ij} 表示两国贸易流量;A 是常数项;Y_i、Y_j 分别表示 i 国和 j 国的经济规模;D_{ij} 表示两国间地理距离。

将基准引力模型进行扩展,引入的解释变量包括两国经济规模、地理距离、需求结构差异等,构建贸易、投资引力模型。采用基准引力模型的对数形式,减少数据中的异常点,避免数据方差的非正态分布和异方差现象,最终的扩展贸易引力模型设置如下:

$$\ln T_{ij} = \alpha_0 + \alpha_1 \ln(\text{GDP}_i \times \text{GDP}_j) + \alpha_2 \ln(P_i \times P_j) + \alpha_3 \ln\text{AGNI}_{ij} + \alpha_4 \ln D_{ij} + \varepsilon_{ij} \quad (4\text{-}2)$$

二、随机前沿引力模型

按照随机前沿方法,采用面板数据的实际表示为

$$T_{ijt} = f(x_{ijt}, \boldsymbol{\alpha})\exp(u_{ijt}), \quad u_{ijt} \geqslant 0 \quad (4\text{-}3)$$

$$\ln T_{ijt} = \ln f(x_{ijt}, \boldsymbol{\alpha}) - u_{ijt}, \quad u_{ijt} \geqslant 0 \quad (4\text{-}4)$$

式中,T_{ijt} 表示 t 时期 i 国对 j 国实际的水平;x_{ijt} 是随机前沿引力模型的核心要素,如经济规模、人口等;$\boldsymbol{\alpha}$ 是待估计的参数向量;u_{ijt} 代表贸易非效率项,表示没能纳入引力方程的阻力,包括限制或促进贸易的因素。在随机前沿引力模型中,潜力表示为

$$T_{ijt}^* = f(x_{ijt}, \boldsymbol{\alpha})\exp(u_{ijt}) \quad (4\text{-}5)$$

式中,T_{ijt}^* 是贸易潜力,表示 t 时期 i 国对 j 国贸易可能的最大值,此时的贸易非效率的影响为零,贸易被认为是无摩擦的。在贸易潜力的基础上,贸易效率的概念被引入,其表达式为

$$\text{TE}_{ijt} = \frac{T_{ijt}}{T_{ijt}^*} \quad (4\text{-}6)$$

早期随机前沿模型假定,贸易非效率项 u_{ijt} 是不随时间改变的,被称为时不变模型。当时间维度较长时,这种假设就不合理,为此 Battese 和 Coelli(1992)提出时变模型的基本形式,其表达式为

$$u_{ijt} = \{\exp[-\eta(t-T)]\}u_{ij} \tag{4-7}$$

式中,$\exp[-\eta(t-T)] \geqslant 0$,$u_{ijt}$ 服从截尾正态分布,η 为待估参数。当 $\eta > 0$ 时,贸易非效率随时间递减,即贸易阻力减少;$\eta < 0$ 时,贸易非效率随时间递增,即贸易阻力增加;当 $\eta = 0$ 时,贸易非效率不随时间变化。

第二节 中国与中东欧国家贸易合作潜力评估

一、构建扩展的随机前沿引力模型

构建扩展的随机前沿引力模型,其包含所有解释变量的回归方程如下:

$$\ln T_{ij} = \alpha_0 + \alpha_1 \ln(\text{GDP}_i \times \text{GDP}_j) + \alpha_2 \ln(P_i \times P_j) + \alpha_3 \ln \text{AGNI}_{ij} + \alpha_4 \ln D_{ij} - (\beta_0 + \beta_1 \text{EU}_j + \beta_2 \text{WTO}_j) + \varepsilon_{ij}$$

经济规模 GDP_i 和 GDP_j 分别用 i 国和 j 国国内生产总值表示,表征 i 国和 j 国供给和需求能力。研究文献显示,一般地,经济大国对外贸易规模更大。地理距离 D_{ij} 用 i 国与 j 国的首都间直线距离表示,国际贸易理论中地理距离反映贸易成本,学者研究表明,贸易成本与空间距离呈现正相关关系。地理距离越远,各种显性的和隐性的成本可能越高,进而不利于对外贸易。需求结构差异用两国人均 GDP 之差 AGNI_{ij} 的绝对值表示,"林德假说"认为两国经济发展水平差距越小,需求结构越相似,可能的贸易规模越大。虚拟变量 EU_j 代表中东欧国家是否加入欧盟,若在样本考察期内,j 国已经加入欧盟,取值为 1,否则取值为 0。虚拟变量 WTO_j 代表中东欧国家是否加入 WTO(世界贸易组织),若在样本考察期内,j 国已经加入 WTO,取值为 1,否则取值为 0(表 4-1)。一般地,同一优惠贸易协定下,贸易自由化程度比较高,国家间相互削减贸易壁垒,降低关税水平,带来贸易成本降低,进而释放贸易潜力,促进进出口贸易规模扩大。"中国与中东欧国家合作"机制框架下的优惠政策、协定能够减少贸易抑制因素,从而促进进出口贸易增长。本书采用 2016—2020 年的数据为样本观察数据,对"中国与中东欧国家合作"机制框架下的经贸合作潜力进行评估。

表 4-1 中国与中东欧国家贸易效率随机前沿引力模型变量说明

变量类型	变量	变量说明	预期符号	理论分析
因变量	T_{ij}	i 国与 j 国双边贸易总额		
自变量	GDP_i	i 国的 GDP 总量	+	i 国经济总量越大,经济繁荣度越高,市场供求越大
	GDP_j	j 国的 GDP 总量	+	j 国经济总量越大,经济繁荣度越高,市场供求越大
	P_i	i 国的人口总量	+	i 国人口总量越大,消费市场越大
	P_j	j 国的人口总量	+	j 国人口总量越大,消费市场越大

续表

变量类型	变量	变量说明	预期符号	理论分析
自变量	$AGNI_{ij}$	i国与j国人均GDP之差的绝对值	—	根据"林德需求论",人均收入水平越相似,双边贸易总额越大
	D_{ij}	i国与j国之间的地理距离	—	i国与j国地理距离越远,运输成本相对越高,对贸易的阻碍作用越大
虚拟控制变量	EU_j	j国是否加入欧盟	—	加入欧盟之后,需要遵守与欧盟之间的贸易契约规定,会阻碍中东欧国家与非欧盟成员的贸易
	WTO_j	j国是否加入WTO	+	加入WTO,优惠贸易协定下,贸易自由化程度比较高,国家间相互削减贸易壁垒,促进贸易

二、数据来源

筛选整理中国与中东欧国家近年贸易相关数据,进行标准化处理。所选数据包括联合国贸发会议数据库、世界贸易组织数据库、世界银行WDI(世界发展指标)数据库、国际货币基金组织数据库、FAO(联合国粮食及农业组织)数据库、世界营商环境报告及世界竞争力报告、由本单位自建的中国与中东欧国家经贸合作数据库等网站、报告中的数据。

三、实证分析

在模型构建完成后,运用Frontier4.1软件进行测算,得出相应结果,为体现估计结果的稳定性和精确性,对近年中国与中东欧国家贸易潜力进行估计,得出模型的回归结果。根据回归结果,本书从贸易规模、商品结构、贸易领域等方面对其潜力和效率进行研究:分析贸易增长变化情况;统计初级产品和工业制成品等占比情况;总结商品种类涵盖的主要领域的变化等情况。在此基础上测算出中国与中东欧国家之间贸易非效率程度与贸易潜力值,得出中国与中东欧国家贸易效率和潜力测算结果。

由表4-2可知,γ是贸易非效率项在随机扰动项中所占的比重,在随机前沿引力模型中,均值达到0.74,说明中国与中东欧国家的实际贸易额和潜在最大出口额之间的差距主要是由贸易非效率项造成的,由此说明了采用随机前沿方法研究贸易非效率项的必要性。

表4-2 中国与中东欧国家贸易效率随机前沿引力模型的估计结果

变量	时不变模型		时变模型	
	系数	Z值	系数	Z值
常数	134.1742**	3.09	251.7341***	2.44
中东欧国家GDP	0.8794***	5.03	0.8143***	4.71
中国GDP	1.2372***	3.16	0.4742*	2.02

续表

变量	时不变模型		时变模型	
	系数	Z 值	系数	Z 值
中东欧国家人口	0.190 8	0.42	0.717 6	1.89
中国人口	1.737 4	−1.67	8.004 1***	−4.05
人均 GDP	−0.237 6***	−2.31	−0.134 2***	−4.37
首都距离	−2.708 2*	−2.54	−4.373 4***	−5.08
η	—	—	0.087 5***	8.91
γ	0.737 6		0.742 9	
最大似然值	−48.9		−62.37	
LR 统计量	201.56		405.31	

注：*、** 和 *** 分别表示在 10%、5% 和 1% 的显著性水平上通过检验。

从模型的主要变量来看，中国和中东欧国家的 GDP 变量为正且通过显著性检验，这和传统引力模型的结论一致，说明随着贸易双方经济发展水平的不断增强，国内供给和国外市场需求的提供显著推动中国与中东欧国家贸易。其中，中国和中东欧国家 GDP 每增长 1%，贸易量将分别增加 0.47% 和 0.81%，说明提升本国经济发展水平对于扩大中国与中东欧国家贸易有重要作用。

中东欧国家的人口规模和中国与中东欧国家的贸易正相关，中东欧国家人口每增长 1%，中国与中东欧国家贸易额增长 0.71%。但中东欧国家的人口规模未通过显著性检验，这说明中东欧国家人口规模对中国与中东欧国家的贸易影响较弱。中国的人口规模与中东欧国家的贸易正相关，中国人口每增长 1%，贸易规模增长 8%。中国对中东欧国家的出口下降速度大于中国对中东欧国家的进口速度。所以，随着中国人口规模的增长，中国与中东欧国家贸易规模上升。

"林德假说"适用于中国与中东欧国家贸易。人均 GDP 差距项显著，说明贸易国之间的发展水平差距会阻碍两国贸易。

距离对中国与中东欧国家贸易有很大阻碍作用。估计结果表明，两国距离每增加 1%，贸易量减少 4.37%。虽然中国与中东欧国家交通基础设施日趋完善，进行同中东欧国家的铁路货运、民航航线、货运航线等的建设，但由于很多商品不易存储，运输和销售易受自然环境制约，因此运输距离仍对产品贸易产生重要影响。

（一）贸易效率测度

通过时变随机前沿引力模型，本书获得有关中国与中东欧国家的贸易效率估计值，以及 2008—2019 年中国与中东欧国家贸易效率的变动趋势。当贸易非效率产生时，TE 为小于 1 的正数，数值越高代表当前的贸易效率越高，数值越低代表未来贸易潜力越大。中国与中东欧各国贸易效率见图 4-1。

（二）贸易潜力测度

根据公式 $TE_{ijt} = T_{ijt}/T_{ijt}^{*}$ 可以计算出现有贸易规模下所能达到的最优出口贸易潜力

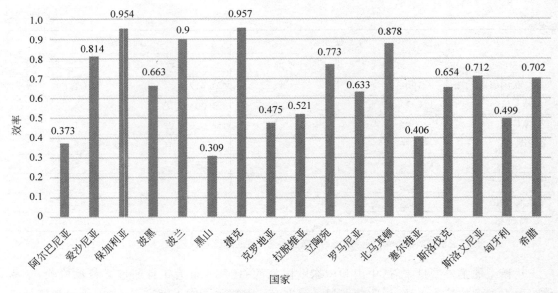

图 4-1 中国与中东欧各国贸易效率

值,贸易拓展空间=(贸易潜力值/实际贸易值-1)×100%,可拓展贸易额=潜力值-实际值。运用决策树算法将中国与中东欧国家之间的贸易潜力划分为三类:当贸易拓展空间≥100%,且两国的可拓展贸易额>平均可拓展贸易额时,两国的贸易关系属于贸易潜力待开发型;当100%>贸易拓展空间>30%,且两国的可拓展贸易额≥平均可拓展贸易额60%时,两国的贸易关系属于贸易潜力成长型;当贸易拓展空间≤30%,且两国的可拓展贸易额<平均可拓展贸易额60%时,两国的贸易关系属于贸易潜力成熟型。

根据上文参数进行测算,中国与中东欧国家可拓展贸易空间排名见表4-3。

表4-3 2020年中国与中东欧国家可拓展贸易空间排名

国家	效率	实际值/亿美元	潜力值/亿美元	拓展空间/%	排名
黑山	0.309	1.70	5.50	224.07	1
阿尔巴尼亚	0.373	6.50	17.43	168.15	2
塞尔维亚	0.406	21.20	52.22	146.32	3
克罗地亚	0.475	17.00	35.79	110.53	4
匈牙利	0.499	116.90	234.27	100.00	5
拉脱维亚	0.521	12.50	23.99	91.92	6
罗马尼亚	0.633	77.60	122.60	58.00	7
斯洛伐克	0.654	94.60	144.64	52.89	8
波黑	0.663	1.90	2.87	51.21	9
希腊	0.702	78.10	111.14	42.30	10
斯洛文尼亚	0.712	39.60	55.62	40.45	11
立陶宛	0.773	23.00	29.75	29.34	12
爱沙尼亚	0.814	11.50	14.13	22.87	13
北马其顿	0.878	3.80	4.33	13.94	14
波兰	0.900	310.50	345.00	11.11	15
保加利亚	0.954	29.20	30.60	4.82	16
捷克	0.957	188.70	197.18	4.50	17

由表 4-3 可知,拓展空间巨大的国家有黑山、阿尔巴尼亚、塞尔维亚、克罗地亚、匈牙利,其中贸易潜力最大的黑山的拓展空间为 224.07%,其他国家的拓展空间依次为 168.15%、146.32%、110.53%、100%;贸易潜力成熟型国家分别是捷克、保加利亚、波兰、北马其顿,拓展空间分别为 4.50%、4.82%、11.11%、13.94%。结合拓展空间,将贸易规模实际值与潜力值作差,得出表 4-4。

表 4-4　2020 年中国与中东欧国家可拓展贸易额排名　　　　　亿美元

国　　家	实　际　值	潜　力　值	可拓展贸易额	排名
匈牙利	116.90	234.27	117.37	1
斯洛伐克	94.60	144.64	50.04	2
罗马尼亚	77.60	122.60	45.00	3
波兰	310.50	345.00	34.50	4
希腊	78.10	111.14	33.04	5
塞尔维亚	21.20	52.22	31.02	6
克罗地亚	17.00	35.79	18.79	7
斯洛文尼亚	39.60	55.62	16.02	8
拉脱维亚	12.50	23.99	11.49	9
阿尔巴尼亚	6.50	17.43	10.93	10
捷克	188.70	197.18	8.48	11
立陶宛	23.00	29.75	6.75	12
黑山	1.70	5.50	3.80	13
爱沙尼亚	11.50	14.13	2.63	14
保加利亚	29.20	30.60	1.40	15
波黑	1.90	2.87	0.97	16
北马其顿	3.80	4.33	0.53	17

由表 4-4 可知,可拓展贸易额最大的为匈牙利 117.37 亿美元,其次为斯洛伐克 50.04 亿美元、罗马尼亚 45 亿美元、波兰 34.5 亿美元、希腊 33.04 亿美元、塞尔维亚 31.02 亿美元,可拓展贸易额排最后两名的是波黑和北马其顿。虽然波黑的贸易拓展空间有 51.21%,但是可拓展贸易额低于 1 亿美元。

根据决策树模型对中国与中东欧国家贸易潜力进行评估,见表 4-5。

表 4-5　2020 年中国与中东欧国家贸易潜力评估

潜　力　类　型	国　　家	排　　名
贸易潜力待开发型	匈牙利	1
	塞尔维亚	2
贸易潜力成长型	斯洛伐克	3
	罗马尼亚	4
	希腊	5
	克罗地亚	6
	斯洛文尼亚	7

续表

潜力类型	国家	排名
贸易潜力成熟型	波兰	8
	拉脱维亚	9
	阿尔巴尼亚	10
	捷克	11
	立陶宛	12
	黑山	13
	爱沙尼亚	14
	保加利亚	15
	波黑	16
	北马其顿	17

运用决策树算法对中东欧国家贸易潜力评估,并对贸易潜力大小进行排序得出贸易潜力待开发型国家为匈牙利、塞尔维亚;贸易潜力成长型国家为斯洛伐克、罗马尼亚、希腊、克罗地亚、斯洛文尼亚;贸易潜力成熟型国家为波兰、拉脱维亚、阿尔巴尼亚、捷克、立陶宛、黑山、爱沙尼亚、保加利亚、波黑、北马其顿。匈牙利的拓展空间为100%,且可拓展贸易额为117.37亿美元,具有很大的贸易潜力。

第三节 中国对中东欧国家投资潜力评估

一、构建直接投资引力模型

物理学引力模型表明两个物体之间的引力与两个物体的质量成正比,与物体之间的距离成反比。后来引力模型被引入社会科学领域,Frenkel、Funke和Stadtmann采用引力模型对新兴国家双边的外商直接投资流量与投资国和东道国之间的距离等进行实证研究,所使用的直接投资引力模型公式如下:

$$\mathrm{FDI}_i = A(\mathrm{GDP} \times \mathrm{GDP}_j / \mathrm{DIST}_j) \tag{4-8}$$

式中,FDI_i代表母国对东道国j的直接投资流量;GDP和GDP_j分别代表母国和东道国j的国内生产总值;DIST_j代表母国和东道国j的距离。从式(4-8)可以看出,母国对东道国的直接投资流量与两国的国内生产总值成正比,与两国的距离成反比。将式(4-8)进行自然对数转换,构建本书需要的引力模型:

$$\ln\mathrm{FDI}_j = \beta_0 + \beta_1 \ln\mathrm{GDP} + \beta_2 \ln\mathrm{GDP}_j + \beta_3 \ln\mathrm{DIST}_j + \mu_j \tag{4-9}$$

式中,β_0代表常数项;β_1、β_2和β_3代表回归系数;μ_j代表随机误差。国内生产总值代表一个国家经济规模和市场潜力。根据引力模型,母国国内生产总值越高,对外直接投资能力就越强;东道国国内生产总值越高,市场投资需求就越旺盛,直接投资规模就越大。据此可以预测β_1和β_2的符号为正。两国距离越远,母国对东道国直接投资的成本和风险就越高,直接投资规模就越小,据此可以预测β_3的符号为负。

二、数据来源

由于中国对中东欧国家直接投资流量数据存在部分缺失,本书将使用 2020 年中国对中东欧国家直接投资存量数据代替直接投资流量数据,单位为万美元。在引力模型中,中国对中东欧国家的直接投资存量数据来自《2020 年度中国对外直接投资统计公报》,各国国内生产总值数据来自世界银行数据库网站,单位为万美元。中国与中东欧国家的距离根据 Time and Date 网站中的距离计算器求得,单位为千米。

三、估计方法与结果

本书利用 2010—2018 年中国对中东欧国家直接投资的面板数据进行实证分析,并采用混合最小二乘法对模型进行估计,估计结果见表 4-6。

表 4-6 中国对中东欧国家直接投资引力模型回归结果

解释变量	常数	$\ln GDP_i$	$\ln GDP_j$	$\ln DIST_j$
估计结果	-171.26^{***} (-49.23)	1.45^{***} (126.36)	1.77^{***} (23.55)	-13.50^{***} (39.18)

注:*** 表示在 1% 的水平下显著,括号里的数值为 t 值。

由表 4-6 可知,$\ln GDP_i$、$\ln GDP_j$ 和 $\ln DIST_j$ 的系数都非常显著,而且与预期的符号相一致。中国和中东欧国家的国内生产总值与中国对中东欧国家的直接投资呈正相关关系,说明中国和中东欧国家的经济规模对中国向中东欧国家的直接投资有显著的推动作用。中国和中东欧国家的距离与中国对中东欧国家的直接投资呈负相关关系,说明中国和中东欧国家之间的距离对中国向中东欧国家的直接投资有显著的阻碍作用。

四、中国对中东欧国家直接投资潜力的判断

由表 4-6 的估计结果,根据 2019 年的数据就中国对中东欧国家的直接投资预测值进行测算,再根据测算结果判断投资潜力和投资空间,投资空间<1 表示投资不足,投资空间>1 表示投资过度,投资空间越接近 100%,表示实际投资值越接近预测投资值。中国对中东欧国家的投资潜力评估见表 4-7。

表 4-7 中国对中东欧国家的投资潜力评估

国家	直接投资实际值/万美元	直接投资预测值/万美元	投资空间/%	投资潜力判断	投资差额/万美元	排名
捷克	27 923	38 902	71.78	投资潜力成长型	10 979	1
波兰	52 373	57 394	91.25	投资潜力成长型	5 021	2
斯洛文尼亚	4 009	7 009	57.20	投资潜力待开发型	3 000	3

续表

国　　家	直接投资实际值/万美元	直接投资预测值/万美元	投资空间/%	投资潜力判断	投资差额/万美元	排名
爱沙尼亚	5 684	8 293	68.54	投资潜力待开发型	2 609	4
希腊	5 864	7 896	74.27	投资潜力成长型	2 032	5
斯洛伐克	9 929	11 510	86.26	投资潜力成长型	1 581	6
波黑	434	1 312	33.08	投资潜力待开发型	878	7
克罗地亚	6 908	7 728	89.39	投资潜力成长型	820	8
阿尔巴尼亚	642	946	67.86	投资潜力待开发型	304	9
立陶宛	1 289	669	192.68	投资成熟型	−620	10
拉脱维亚	1 170	315	371.43	投资成熟型	−855	11
北马其顿	3 630	495	733.33	投资成熟型	−3 135	12
黑山	6 286	196	3 207.14	投资成熟型	−6 090	13
保加利亚	17 109	4 187	408.62	投资成熟型	−12 922	14
罗马尼亚	30 462	16 136	188.78	投资成熟型	−14 326	15
匈牙利	32 069	17 033	188.28	投资成熟型	−15 036	16
塞尔维亚	27 141	3 345	811.39	投资成熟型	−23 796	17

由表 4-7 可知，2019 年中国直接投资的中东欧国家有 4 个国家属于投资潜力待开发型，包括斯洛文尼亚、爱沙尼亚、波黑、阿尔巴尼亚；有 5 个国家属于投资潜力成长型，包括捷克、波兰、斯洛伐克、希腊、克罗地亚；有 8 个国家属于投资成熟型，包括立陶宛、拉脱维亚、北马其顿、黑山、保加利亚、罗马尼亚、匈牙利、塞尔维亚。上述评估排名依据投资差额＝直接投资预测值－直接投资实际值，该排名为投资决策提供参考，同时为第四节"中国与中东欧国家贸易潜力影响因素分析"提供研究基础。

第四节　中国与中东欧国家贸易潜力影响因素分析

本节将从中东欧各国营商环境、政府管理、市场发展、中国—中东欧国家关系和基础设施五个方面分析影响中国与中东欧国家贸易潜力发挥的因素。

一、数据来源

根据世界经济论坛《全球竞争力报告》(2019)数据，对数据变量进行量化处理并定义，得到的变量见表 4-8。

表 4-8　中国与中东欧国家经贸合作潜力影响因素变量定义

变量分类	变量名称
贸易潜力	中国—中东欧国家进出口贸易潜力
投资潜力	中国对中东欧国家投资潜力(万美元)

续表

变　量　分　类	变　量　名　称
营商环境	营商便利度得分
	开办企业得分
	开办企业所需时间(天)
	执行合同得分
政府管理	政府监管负担得分
	政府解决法规冲突效率得分
	司法独立性得分
市场发展	获得信贷得分
	集群发展状况得分
中国—中东欧国家关系	政治关系指数
	人文交流指数
基础设施	仓库建设所需时间(天)
	施工建筑质量指数
	交通基础设施竞争力综合分值
	班轮运输联通性指数
	与中国直航

二、相关性分析

对中国—中东欧国家贸易潜力、中国对中东欧国家投资潜力和其他影响因素[营商便利度得分、开办企业得分、开办企业所需时间(天)、执行合同得分、政府监管负担得分、政府解决法规冲突效率得分、司法独立性得分、获得信贷得分、集群发展状况得分、政治关系指数、人文交流指数、仓库建设所需时间(天)、施工建筑质量指数、交通基础设施竞争力综合分值、班轮运输联通性指数、与中国直航]做相关性分析,得出它们之间的相关系数,为进一步研究影响因素提供基础。中国与中东欧国家贸易潜力影响因素相关性分析见表4-9。

由表4-9可知,利用相关性分析研究营商便利度得分、开办企业得分、开办企业所需时间(天)、执行合同得分、政府监管负担得分、政府解决法规冲突效率得分、司法独立性得分、获得信贷得分、集群发展状况得分、政治关系指数、人文交流指数、仓库建设所需时间(天)、施工建筑质量指数、交通基础设施竞争力综合分值、班轮运输联通性指数、与中国直航共16项之间的相关关系,使用Pearson相关系数表示相关关系的强弱情况。具体分析可知:

营商便利度得分与开办企业得分、开办企业所需时间(天)、执行合同得分、司法独立性得分4项之间的相关关系系数值呈现出显著性,具体来看,营商便利度得分和开办企业得分之间的相关系数值为-0.573,并且呈现出0.1水平的显著性,因而说明营商便利度得分和开办企业得分之间有着显著的负相关关系。营商便利度得分和开办企业所需时间(天)之间的相关系数值为0.538,并且呈现出0.1水平的显著性,因而说明营商便利度得分和开办企业所需时间(天)之间有着显著的正相关关系。营商便利度得分和执行合同得分之间的相关系数值为-0.583,并且呈现出0.1水平的显著性,因而说明营商便利度得分和执行合同得分之间有着显著的负相关关系。营商便利度得分和司法独立性得分之间的相关系数值为-0.559,

表 4-9 中国与中东欧国家贸易潜力影响因素相关性分析

变量分类	平均值	标准差	1	2	3	4	5	6	7
营商便利度得分	44.563	22.073	1						
开办企业得分	86.375	8.016	-0.573*	1					
开办企业所需时间(天)	19.200	19.282	0.538*	-0.967**	1				
执行合同得分	66.256	7.558	-0.583*	0.297	-0.272	1			
政府监管负担得分	3.112	0.710	-0.123	0.551*	-0.542*	0.153	1		
政府解决法规冲突效率得分	3.220	0.739	-0.471	0.450	-0.442	0.516*	0.537*	1	
司法独立性得分	3.394	0.920	-0.559*	0.354	-0.288	0.440	0.361	0.877**	1
获得信贷得分	70.000	10.954	-0.194	0.096	-0.100	0.364	0.480	0.510	0.241
集群发展状况得分	3.531	0.405	-0.393	0.252	-0.209	0.193	0.184	0.581*	0.514*
政治关系指数	35.570	27.821	0.052	0.067	-0.087	0.024	-0.043	-0.084	-0.088
人文交流指数	34.116	29.034	0.124	-0.042	0.065	0.087	-0.125	-0.018	-0.069
仓库建设所需时间(天)	172.843	80.891	0.389	0.076	-0.096	-0.491	-0.108	-0.154	-0.220
施工建设质量指数	11.875	1.928	0.158	0.069	-0.063	0.065	0.142	-0.232	-0.354
交通基础设施竞争力综合分值	4.236	0.761	-0.453	0.182	-0.155	0.279	-0.412	0.190	0.380
班轮运输联通性指数	0.163	0.162	0.042	0.200	-0.249	0.388	-0.085	-0.039	-0.143
与中国直航	0.294	0.470	-0.068	0.087	-0.133	0.146	-0.169	0.238	0.156

续表

变量分类	平均值	标准差	8	9	10	11	12	13	14	15	16
营商便利度得分	44.563	22.073									
开办企业得分	86.375	8.016									
开办企业所需时间（天）	19.200	19.282									
执行合同得分	66.256	7.558									
政府监管负担得分	3.112	0.710									
政府解决法规冲突效率得分	3.220	0.739									
司法独立性得分	3.394	0.920									
获得信贷得分	70.000	10.954	1								
集群发展状况得分	3.531	0.405	0.211	1							
政治关系指数	35.570	27.821	0.142	0.266	1						
人文交流指数	34.116	29.034	0.317	0.286	0.870**	1					
仓库建设所需时间（天）	172.843	80.891	−0.097	−0.123	−0.010	0.226	1				
施工建筑质量指数	11.875	1.928	−0.205	−0.277	0.055	−0.144	−0.292	1			
交通基础设施竞争力综合分值	4.236	0.761	−0.187	0.448	0.536*	0.501*	0.011	−0.346	1		
班轮运输联通性指数	0.163	0.162	0.031	−0.269	0.479	0.428	−0.099	0.470	0.246	1	
与中国直航	0.294	0.470	0.381	0.325	0.238	0.480	0.562*	−0.388	0.402	0.091	1

注：***、**、*分别表示1%、5%和10%的显著性水平。

并且呈现出 0.1 水平的显著性,因而说明营商便利度得分和司法独立性得分之间有着显著的负相关关系。除此之外,营商便利度得分与政府监管负担得分、政府解决法规冲突效率得分、获得信贷得分、集群发展状况得分、政治关系指数、人文交流指数、仓库建设所需时间(天)、施工建筑质量指数、交通基础设施竞争力综合分值、班轮运输联通性指数、与中国直航共 11 项之间的相关系数值并不会呈现出显著性($p>0.05$),意味着营商便利度得分与这 11 项之间没有相关关系。

三、Logistic 回归分析

根据上述相关性分析将变量(营商便利度得分、政府监管负担得分、交通基础设施竞争力综合分值)剔除,保证两两之间无相关性关系,利用处理后的数据进行 Logistic 回归,求五个方面的因素对中国—中东欧国家贸易潜力和中国对中东欧国家投资潜力的影响,得到表 4-10、表 4-11、表 4-12、表 4-13。

表 4-10 中国与中东欧国家贸易潜力 Logistic 回归模型似然比检验

模型	−2 倍对数似然值	卡方值	df	p	AIC 值	BIC 值
仅截距	14.548					
最终模型	0	14.548	13	0.036	28	36.947

表 4-11 中国与中东欧国家贸易潜力 Logistic 回归分析结果汇总

变 量 分 类	回 归 系 数	OR 值
开办企业得分	5.704**	300.168
开办企业所需时间(天)	2.425	11.306
执行合同得分	−3.658	0.026
政府解决法规冲突效率得分	−7.602	0
司法独立性得分	−3.670	0.025
获得信贷得分	2.617**	13.693
集群发展状况得分	20.712**	988 351 392.9
政治关系指数	1.553**	4.724
人文交流指数	−2.046	0.129
仓库建设所需时间(天)	−0.226	0.798
施工建筑质量指数	−3.302	0.037
班轮运输联通性指数	84.325**	4.19E+36
与中国直航	12.970**	429 319.414
截距	−419.817	0

注:"***"、"**"、"*"分别表示 1%、5% 和 10% 的显著性水平。

表 4-12 中国对中东欧国家投资潜力 Logistic 回归模型似然比检验

模型	−2 倍对数似然值	卡方值	df	p	AIC 值	BIC 值
仅截距	28.969					
最终模型	0	28.969	22	0.146	48	63.337

表 4-13　中国对中东欧国家投资潜力 Logistic 回归分析结果汇总

变量分类	回归系数	OR 值
开办企业得分	9.583**	14 521.453
开办企业所需时间(天)	−4.599**	99.378
执行合同得分	−1.077	0.341
政府解决法规冲突效率得分	51.924**	3.55E+22
司法独立性得分	−21.650	0
获得信贷得分	1.885*	0.152
集群发展状况得分	−26.592	0
政治关系指数	0.748**	2.112
人文交流指数	−1.394	0.248
仓库建设所需时间(天)	0.181	1.198
施工建筑质量指数	−4.469	0.011
截距	−679.652	99.378

注：***、**、* 分别表示 1%、5% 和 10% 的显著性水平。

此处模型检验的原定假设为：是否放入自变量[开办企业得分，开办企业所需时间(天)，执行合同得分，政府解决法规冲突效率得分，司法独立性得分，获得信贷得分，集群发展状况得分，政治关系指数，人文交流指数，仓库建设所需时间(天)，施工建筑质量指数，班轮运输联通性指数，与中国直航]两种情况模型质量均一样；$p<0.05$，因而拒绝原假设。

由表 4-11 可知，将开办企业得分、开办企业所需时间(天)、执行合同得分、政府解决法规冲突效率得分、司法独立性得分、获得信贷得分、集群发展状况得分、政治关系指数、人文交流指数、仓库建设所需时间(天)、施工建筑质量指数、班轮运输联通性指数、与中国直航共 13 项作为自变量，而将贸易潜力作为因变量进行多分类 Logistic 回归分析，最终模型公式如下：

贸易潜力 = −419.817 + 5.704 × 开办企业得分 + 2.425 × 开办企业所需时间(天) − 3.658 × 执行合同得分 − 7.602 × 政府解决法规冲突效率得分 − 3.670 × 司法独立性得分 + 2.617 × 获得信贷得分 + 20.712 × 集群发展状况得分 + 1.553 × 政治关系指数 − 2.046 × 人文交流指数 − 0.226 × 仓库建设所需时间(天) − 3.302 × 施工建筑质量指数 + 84.325 × 班轮运输联通性指数 + 12.970 × 与中国直航

此处模型检验的原定假设为：是否放入自变量[开办企业得分、开办企业所需时间(天)、执行合同得分、政府解决法规冲突效率得分、司法独立性得分、获得信贷得分、集群发展状况得分、政治关系指数、人文交流指数、仓库建设所需时间(天)、施工建筑质量指数]两种情况模型质量均一样；$p<0.05$，因而拒绝原假设。

由表 4-13 可知，将开办企业得分、开办企业所需时间(天)、执行合同得分、政府解决法规冲突效率得分、司法独立性得分、获得信贷得分、集群发展状况得分、政治关系指数、人文交流指数、仓库建设所需时间(天)、施工建筑质量指数共 11 项作为自变量，而将投资潜力作为因变量进行多分类 Logistic 回归分析，最终模型公式如下：

投资潜力 = −679.652 + 9.583 × 开办企业得分 − 4.599 × 开办企业所需时间(天) − 1.077 × 执行合同得分 + 51.924 × 政府解决法规冲突效率得分 − 21.650 × 司法独立性得分 + 1.885 × 获

得信贷得分－26.592×集群发展状况得分＋0.748×政治关系指数－1.394×人文交流指数＋0.181×仓库建设所需时间（天）－4.469×施工建筑质量指数

四、总结

由表 4-11 的回归系数可知，开办企业得分回归系数为 5.704，获得信贷得分回归系数为 2.617，集群发展状况得分回归系数为 20.712，政治关系指数回归系数为 1.553，班轮运输联通性指数回归系数为 84.325，与中国直航回归系数为 12.970，且 p 值小于 0.05，在置信区间为 95% 的水平上具有显著性正向影响，说明当开办企业的效率提高、获得信贷程序减少或者要求降低、集群发展状况提升、中国—中东欧国家政治关系发展、班轮运输量增加、中国—中东欧国家直航，将有效推动中国—中东欧国家贸易潜力的扩大。

由表 4-13 的回归系数可知，对投资而言，开办企业得分、开办企业所需时间（天）、政府解决法规冲突效率得分、获得信贷得分、政治关系指数等变量的 p 值小于 0.05，在置信区间为 95% 的水平上具有显著影响，开办企业得分回归系数为 9.583、政府解决法规冲突效率得分回归系数为 51.924、获得信贷得分回归系数为 1.885，政治关系指数回归系数为 0.748，说明当开办企业的效率提高、政府解决法规冲突效率提高、获得信贷程序减少或者要求降低、中国—中东欧国家政治关系发展，将有效推动中国对中东欧国家的直接投资潜力。开办企业所需时间（天）回归系数为－4.599，说明开办企业所需时间（天）越长，对投资潜力的发展越具有不利影响。

第五章
中国与中东欧国家经贸合作产业选择和合作重点领域分析

中国与中东欧国家经贸合作发展势头良好,呈现高层交往频繁、合作领域扩大、层次日趋多元、成果逐步显现的态势。其中交通运输合作、农业合作、数字经济合作、绿色经济合作等成为中国与中东欧国家经贸合作中最具活力的领域。本章将对其中部分重点合作领域进行分析。

第一节 中东欧国家优势产业分布及其特征分析

一、维谢格拉德四国

波兰位于欧洲中部,位于欧洲大陆中心,是中东欧国家中经济规模最大的国家。波兰积极对接"一带一路"建设,是中国货物经中欧陆上运输线进入欧洲的首个欧盟成员国,是欧洲经济区的第一站,被称为"欧洲的门户"。

匈牙利是位于多瑙河冲积平原的中欧内陆国家,80%国土海拔不足 200 米,平原为主的地理特征成就了其完善便捷的交通基础设施,形成了以首都为中心、通向全国和邻国的铁路与公路网,高速公路路网密度居中东欧地区第 2 位,其铁路路网密度在欧盟成员国中居第 5 位。

捷克为中欧内陆国家,2006 年被世界银行列入发达国家行列。捷克工业基础雄厚,以机械制造、各种机床、动力设备、船舶、汽车、电力机车、轧钢设备、军工、轻纺为主,化学、玻璃工业也较发达;纺织、制鞋、啤酒酿造均闻名于世。

斯洛伐克是中欧内陆国家,领土大部分位于西喀尔巴阡山山区,山地占据了国土的大部分地区。2006 年,斯洛伐克被列入发达国家行列。21 世纪以后,斯洛伐克逐步形成了以汽车、电子产业、机械制造业为支柱,以出口为导向的外向型市场经济。

维谢格拉德四国优势产业及与中国产业对接目标见表 5-1。

表 5-1 维谢格拉德四国优势产业及与中国产业对接目标

国 家	优势产业	产业对接目标
波兰	农业、汽车工业、钢铁行业、琥珀产业	可在机电产品、运输设备、汽车制造、家用电器、食品生产、电子产品、石化、纺织业、旅游业方面开展贸易与合作

续表

国　家	优　势　产　业	产业对接目标
匈牙利	汽车及零部件产业、制药行业、生物技术	可在葡萄酒贸易、港口、投资、教育、旅游业、科技创新方面开展合作
捷克	汽车工业、通用航空工业、电气电子工业	可在汽车零部件、电子产品、航空领域、旅游业方面开展合作
斯洛伐克	汽车工业、电子工业、机械制造业	可在汽车、物流、通信、电子等方面开展合作

二、东南欧四国

东南欧四国是指希腊、罗马尼亚、保加利亚、斯洛文尼亚，不包含西巴尔干。

希腊地理条件独特，处于陆海相连、欧亚非相通的重要地点，是"一带一路"建设、打造亚欧海陆联运新通道的关键节点，也是进入欧盟及东南欧市场的良好门户。希腊是巴尔干地区最为发达的经济体，区域辐射能力较强，且为海运大国。其比雷埃夫斯港口群已成为地中海地区的关键航运枢纽，也是"一带一路"倡议中港口建设最耀眼的成功范例。

罗马尼亚位于巴尔干半岛东北部，地形奇特多样，境内平原、山地、丘陵各占1/3的国土面积。作为新兴工业化国家，罗马尼亚曾被誉为"欧洲之虎"。罗马尼亚作为欧盟成员国，是中国同中东欧国家乃至整个欧洲合作的重要支点，也是"一带一路"倡议的重要沿线国家。

保加利亚位于巴尔干半岛东南部，是连接欧亚的桥梁，也是进入欧洲市场的门户。保加利亚是欧盟成员国中物价最低的国家，仅为欧盟平均水平的50%。

斯洛文尼亚位于欧洲中南部、巴尔干半岛西北端，地理位置较好，许多国际铁路、公路和航空线穿越国境，已经成为欧洲重要的交通枢纽之一。

东南欧四国优势产业及与中国产业对接目标见表5-2。

表5-2　东南欧四国优势产业及与中国产业对接目标

国　家	优　势　产　业	产业对接目标
希腊	农业、航运业、旅游业	航运业：对现有设施进行改造和升级，提升竞争力；旅游业：加强旅游基础设施建设，促进旅游业发展，制定和实施旅游可持续发展战略
罗马尼亚	葡萄酒酿制、纺织服装业	港口、物流运输合作前景广阔；葡萄酒贸易、纺织服装业、农副产品、粮食、肉类等的出口加工；基础设施、能源等领域，可进行投资和合作
保加利亚	玫瑰油产业、乳制品加工产业	可在国际市场上享有盛名的产品玫瑰、精油化妆品、酸奶、葡萄酒方面进行贸易合作；旅游开发与合作
斯洛文尼亚	汽车工业、金属加工工业、制药工业	可在港口、机电、汽车、纺织服装、家具制造、家禽类肉食加工、葡萄酒贸易、食品加工、旅游、环保项目等方面进行贸易与合作

三、西巴尔干六国

克罗地亚位于中南欧的亚得里亚海东岸,与意大利隔海相望,有"亚得里亚海边的一颗珍珠"之说;中南部为高原和山地、东北部为平原的特殊地形使克罗地亚境内呈现地中海式气候和四季分明的大陆性气候两种不同类型的气候。

塞尔维亚位于欧洲东南部,是巴尔干半岛中部的内陆国,地理位置优越,是连接东南欧与西欧、欧亚大陆的陆路枢纽。塞尔维亚的经济近年来出现较快增长,因而被称为"巴尔干之虎"。其北部为著名的伏伊伏丁那多瑙河冲积平原,地势平坦,土壤肥沃,被誉为"粮仓"。这里是巴尔干文明的发源地,6 000年前塞尔维亚便有了人类活动的痕迹。中塞友好关系历史深厚,塞尔维亚视中国为其对外关系的四大支柱之一。塞尔维亚历届政府,无论其党派,均视中国的崛起为其国家发展的重要机遇。

北马其顿位于南欧地区,地处巴尔干半岛中部,是个多山的内陆国家。北马其顿地形多为山地,瓦尔达尔河贯穿南北。北马其顿属传统农业国家,在区位、税收、劳动力资源等方面具有较强竞争力,被称为"欧洲新商务天堂"。

波黑地处中东欧腹地,是连接前南斯拉夫与欧洲部分交通干线的必经之地。其地理位置优越,是东南欧自贸区成员,劳动力价格低廉,适宜承接纺织、服装、制鞋等劳动密集型产业,产品在满足本国市场需求的同时,可辐射中东欧及欧盟市场。

黑山位于巴尔干半岛西南部,是亚得里亚海东岸的一个多山国家,距罗马约500千米,距柏林和巴黎约1 500千米,距莫斯科约2 000千米,位于欧洲巴尔干半岛的心脏。由于黑山战略地位,它正迅速成为世界上一些最重要行业的投资目的地。

阿尔巴尼亚位于东南欧巴尔干半岛西岸,地理位置优越。阿尔巴尼亚已有近5 000年的历史,都拉斯是欧洲最古老的城市之一。阿尔巴尼亚以加入欧盟为战略目标,2014年6月正式获得欧盟候选国地位。中国曾向阿尔巴尼亚提供过大量经济援助。阿尔巴尼亚为恢复中国在联合国的合法席位作出过重要贡献。在"一带一路"倡议及中国—中东欧国家合作机制引领下,中国与阿尔巴尼亚经贸合作正迎来前所未有的良好机遇。

西巴尔干六国优势产业及与中国产业对接目标见表5-3。

表5-3 西巴尔干六国优势产业及与中国产业对接目标

国家	优势产业	产业对接目标
克罗地亚	造船业、农业、制药工业	可投资产业:港口运输、造船、码头、铁路等;可合作产业:纺织、旅游业、葡萄酒、橄榄油、农产品、医药产品的贸易与加工
塞尔维亚	信息通信技术产业、汽车工业	在基础设施、能源、农业、IT(信息技术)和汽车工业领域有着巨大的投资空间,部分家电、建材、汽车等生产型项目希望与中方企业开展投资合作与参与其国有企业私有化项目,但其投资环境相对欠佳,合作资源相对有限,在资金、技术、市场销售渠道、长远规划等方面均需我方企业"自力更生"。应充分评估市场风险,谨慎投资决策
北马其顿	黑色和有色金属冶金行业、金属制造、汽车和电器设备制造业、化工行业	可在葡萄酒贸易、旅游等方面开展对接合作

续表

国　家	优　势　产　业	产业对接目标
波黑	电力产业、农业及食品加工工业	可在木材、机械产品、旅游业、畜牧产品加工等方面开展对接合作
黑山	旅游业、交通运输业	根据黑山的情况，中国的制造业、农产品加工、太阳能可进军黑山；日用消费品可出口黑山。黑山虽缺乏蔬菜，但因路途较远，不宜出口。黑山经济继续转型发展服务业，可参与旅游新建投资和大型基础设施项目
阿尔巴尼亚	农业、石油产业	可在新能源、公路和桥梁、电站建设、港口、特色旅游、农产品尤其是橄榄油等方面开展对接合作

四、中东欧国家产业特征及优势产业地图

中东欧国家优势产业及其特征见表5-4。

表5-4　中东欧国家优势产业及其特征

国　家	产　业	特　征
波兰	汽车制造业	波兰汽车及其零部件制造业优势较为明显，波兰汽车工业以外资企业占主导地位
	家具制造业	波兰是世界第六大家具制造国、第四大家具出口国
	烟草制品业	波兰是欧盟第二大烟草制品生产国
	商务服务业	波兰以其高质量服务、可忽略的文化差异、较小的时差成为美欧企业外包服务的首选
	运输服务业	波兰位于欧洲中部，成为架起东西欧、南北欧的桥梁，因此造就出波兰高度发达的运输服务业
捷克	航空航天设备制造业	捷克生产飞机的历史已有百年，约90%出口到世界各地
	汽车制造业	捷克拥有世界上集中度最高的汽车制造和设计产业，深度嵌入欧洲汽车产业链条，人均产量始终保持世界领先地位
	交通运输、仓储和邮政业	运输仓储行业是捷克的重要经济支柱
	商务支持服务业	捷克政府大力扶持商务支持服务业，包括服务共享中心、客户服务中心、IT服务中心及高技术维修中心等
匈牙利	汽车制造业	汽车制造业是匈牙利核心产业之一
	电子设备制造业	电子设备制造业是匈牙利规模最大的产业之一，匈牙利也是中东欧地区最大的电子产品生产国
	信息通信技术服务业	近年来，匈牙利信息通信技术产业发展迅猛，成为中东欧地区计算机组装和通信设备制造龙头
	商务服务业	匈牙利商务服务中心主要集中在布达佩斯，众多企业提供共享服务、流程外包、IT和R&D（科学研究与试验发展）服务等

续表

国家	产业	特征
斯洛伐克	汽车制造业	汽车制造业是斯洛伐克主要支柱产业之一
	机械工程业	机械工程业是斯洛伐克主要支柱产业之一，与汽车制造业密不可分，超七成的行业产出提供给汽车制造企业或其零部件供应商
	交通运输、仓储和邮政业	斯洛伐克以公路和铁路运输为主
	商务服务业	斯洛伐克劳动生产率与劳动力成本比在中欧和东欧国家中最高。劳动力中受过高等教育的人数比例在欧盟成员国中排名第一
罗马尼亚	烟草制品业	烟草制品常年出口占罗马尼亚食品、饮料和烟草出口总额的42%左右，占消费品出口总额的6%左右
	交通运输、仓储和邮政业	罗马尼亚主要的物流货运公司多数是跨国公司，在信息技术系统、标准化运作以及与重要国际运输公司关系方面具有优势
	软件和信息技术服务业	罗马尼亚作为中东欧地区面积和人口第二大国，是近年来该地区IT和通信市场发展最为迅速的国家之一
保加利亚	贱金属及其制品制造业	贱金属及其制品是保加利亚的主要出口商品之一
	纺织服装业	纺织服装业是保加利亚重点行业之一
	农副食品加工业	农业是保加利亚优势产业之一，保加利亚农产品如玫瑰油、乳制品等享誉世界
	软件和信息技术服务业	保加利亚IT业在欧盟排第三，IT业已连续多年获得两位数增长，是同期保GDP增速的5倍
斯洛文尼亚	家具制造业	家具业是斯洛文尼亚最具传统和竞争力的行业之一。75%的家具产品用于出口，出口量排名第五
	建筑服务业	建筑业是斯洛文尼亚最大的雇主之一，为10%的居民提供就业机会
	金属制品业	金属加工业是斯洛文尼亚历史最悠久的行业之一，就业占制造业就业比重达34%，创造了制造业31%的出口和31%的公司收入
	木质制品制造业	斯洛文尼亚是仅次于芬兰和瑞典的欧洲第三个森林覆盖率超过60%的国家，其在橱柜、家具等木质制品制造方面具有比较优势
	化学与医药制造业	化学工业在斯洛文尼亚发展较早，斯洛文尼亚已经形成以生产医药及医药中间体、化妆品、化学制剂、橡胶及塑料制品等为主的现代化学工业格局
	信息和通信服务业	信息和通信服务业作为商务服务业的一部分，是斯洛文尼亚最具活力的部门，亦是国家优先发展的产业
克罗地亚	金属制品业	克罗地亚金属加工业常年产值约23亿欧元，占国内生产总值的5.2%
	木质制品制造业	克罗地亚森林工业在国民经济中占据重要位置
	化学与医药制造业	克罗地亚制药业常年产值约9.04亿欧元，约占国内生产总值的2.1%
	旅游业	克罗地亚是地中海旅游胜地，旅游业成为克罗地亚支柱产业之一

续表

国　家	产　业	特　征
阿尔巴尼亚	皮革和制鞋业	鞋类制造业是阿尔巴尼亚增长最快的部门之一，推动了阿尔巴尼亚向国际市场的出口
	纺织服装、服饰业	阿尔巴尼亚纺织服装产品主要出口意大利、德国和法国等国家
	交通运输、仓储和邮政业	阿尔巴尼亚的交通以公路运输为主
	旅游业	阿尔巴尼亚拥有众多国家公园、自然保护区、古村落和古代遗址，还有保存完好的611千米长的海岸线和城堡
塞尔维亚	化学原料和化学制品制造业	塞尔维亚的化学工业由超过1 500家公司组成
	农副食品加工、食品制造业	农业是塞尔维亚传统优势产业之一
黑山	采矿业	黑山最重要的矿产资源是煤、红铝土矿、铅和锌等
	金属制品业	金属加工业包括初级金属和金属产品（有色金属、钢铁）的生产，是黑山制造业最重要的部门
	木质制品制造业	木材工业是黑山经济的重要组成部分
	农产品及其加工业	黑山拥有丰富的葡萄栽培，葡萄酒是食品加工业最重要的出口产品
	旅游业	黑山是一个地中海小国，拥有丰富的建筑和文化遗产，多样化的景观和气候以及保存完好的自然环境
波黑	旅游业	波黑将旅游列为经济发展的重要产业之一，并在大力吸引外资
	木质制品制造业	林业和木材加工业成为波黑经济的主要产业之一
	金属制造业	金属加工业占波黑制造业的20%，是波黑制造业的支柱产业，金属加工出口产品占产量的50%~60%
	建筑服务业	波黑丰富的自然资源，如木材、石头、砾石、沙子、黏土和金属矿等，使其建筑市场的增长潜力非常大
北马其顿	化学原料和化学制品制造业	北马其顿拥有相当发达的化学工业，具有生产基本化学品、合成纤维、聚氯乙烯以及洗涤剂、肥料、聚氨酯泡沫和纤维的能力
	纺织、服装皮革制品业	纺织品工业包括纺织和服装皮革制品两大部门，是北马其顿国内领先的加工工业之一，纺织和皮革业产值占GDP的20%
	烟草制品业	烟草是北马其顿农产品出口总额的最大贡献者
	农副食品加工、食品制造业	北马其顿主要农产品包括烟草原料和制成品、葡萄酒、羊肉和园艺产品
	建筑服务业	北马其顿是中欧、东欧、中东和俄罗斯的主要建筑劳工供应国
希腊	新能源业	希腊自然资源相对贫乏，但太阳能和风能等资源丰富，高度重视太阳能和风能等新能源的研发与投资，光能转换技术较为成熟
	农业	农业是希腊传统优势产业，农产品是希腊出口最具竞争力的产品之一。针对其气候特点，希腊大力研究节水浇灌，技术水平较高
	海洋产业	希腊在海洋环境保护和海产品养殖等领域处于世界领先位置，海水养殖技术高，多类产品产量居欧盟前列。近年来，希腊大力发展生物制药技术，部分高端医药产品出口海外
	文化产业	古迹的保护与修复技术是希腊传统的优势领域。在人才培养、设备更新与技术开发等方面都走在世界前列

第二节 中国与中东欧国家交通运输合作分析

一、中国与中东欧国家交通运输合作的现状

"中欧陆海快线"项目自2014年12月启动建设以来,对改善当地物流状况、实现互利共赢起到了重要作用,2021年1—3月,完成总箱量30 227标箱,同比增长24.1%,为促进中东欧国家经济社会发展提供了新动能。自中方在第四次中国—中东欧国家领导人会晤时倡议开展"三海港区"合作起,双方愿意在亚得里亚海—波罗的海—黑海三海港区推进港口基础设施合作,通过开展港口建设和升级改造,支持开展港口投资合作,扩大港口吞吐能力,扩展包含内河航道港口在内的三海航线网络,从而大幅提升现有港口运营效率。上述合作项目通过不断完善交通基础设施建设,进一步深化了中国—中东欧国家交通运输合作。

据《2019全球竞争力报告》统计,2019年,中国与中东欧国家在交通基础设施竞争力综合得分排名上大部分较2018年有提升,仅有捷克和爱沙尼亚两国的排名出现了下降。2019年,中国综合分值为5.26分,排名上升至第24位。在中东欧国家中,捷克综合分值最高,为5.38分,排第22位。除捷克之外,波兰、匈牙利、克罗地亚、希腊等国排名也在前50位,说明这几个国家交通基础设施建设取得了不错的成效。阿尔巴尼亚、波黑、黑山三国排名在世界100位以后,交通基础设施建设很薄弱。总体而言,中东欧国家在交通基础设施建设上越来越重视,投入也越来越大,但两极分化明显。2019年,中国与中东欧国家交通基础设施竞争力综合分值及排名见表5-5。

表5-5 中国与中东欧国家交通基础设施竞争力综合分值及排名(2019年)

国　　家	分值	排名	排名相较2018年情况
中国	5.26	24	上升
阿尔巴尼亚	2.71	120	上升
波黑	3.04	108	上升
保加利亚	3.95	68	上升
克罗地亚	4.74	36	上升
捷克	5.38	22	下降
爱沙尼亚	4.25	58	下降
希腊	4.63	39	上升
匈牙利	5.04	30	上升
拉脱维亚	4.37	52	上升
立陶宛	4.52	43	上升
北马其顿	3.49	84	上升
黑山	3.09	106	上升
波兰	5.18	25	上升
罗马尼亚	4.15	61	上升
塞尔维亚	4.48	46	上升
斯洛伐克	4.54	42	上升
斯洛文尼亚	4.45	47	上升

资料来源:《2019全球竞争力报告》。

班轮运输联通性指数是反映一个国家在全球班轮运输网络中的地位及衡量两国在海运联通性方面水平的重要指标,该指数越大,说明两国海运联通性水平越高。2019年,中国与中东欧国家海运联通性水平方面,与希腊海运联通性水平最高,班轮运输联通性指数达到0.483;其次是与波兰,班轮运输联通性指数为0.445。除了波黑、捷克、匈牙利等国家为内陆国家,中国与其班轮运输联通性指数为0外,中国与黑山、阿尔巴尼亚的海运联通性水平最低。总体而言,中国与中东欧国家海运联通性水平较差,要进一步加快提升双方海运联通性水平,以此展开更深入的中国—中东欧国家交通运输合作。2019年,中国与中东欧国家班轮运输联通性指数见表5-6。

表5-6　中国与中东欧国家班轮运输联通性指数(2019年)

国　　家	班轮运输联通性指数	国　　家	班轮运输联通性指数
阿尔巴尼亚	0.128	波黑	0.000
保加利亚	0.141	克罗地亚	0.331
捷克	0.000	爱沙尼亚	0.140
希腊	0.483	匈牙利	0.000
拉脱维亚	0.146	立陶宛	0.213
北马其顿	0.000	黑山	0.125
波兰	0.445	罗马尼亚	0.292
塞尔维亚	0.000	斯洛伐克	0.000
斯洛文尼亚	0.332		

资料来源:UNCTAD(联合国贸易和发展会议)官网。

两国之间是否有直航航线也是衡量双方交通运输合作水平的一个关键因素。截至2019年底,中国与捷克、希腊、匈牙利、波兰、塞尔维亚五国有直航航线,数量较少,应在今后加强双方在航空运输方面的联系,让中国—中东欧国家交通运输合作更加便利。2019年中国与中东欧国家是否直航见表5-7。

表5-7　中国与中东欧国家直航表(2019年)

国　　家	是否与中国直航	国　　家	是否与中国直航
阿尔巴尼亚	否	波黑	否
保加利亚	否	克罗地亚	否
捷克	是	爱沙尼亚	否
希腊	是	匈牙利	是
拉脱维亚	否	立陶宛	否
北马其顿	否	黑山	否
波兰	是	罗马尼亚	否
塞尔维亚	是	斯洛伐克	否
斯洛文尼亚	否		

资料来源:对外投资合作国别(地区)指南(2020年版)。

同时,中国与中东欧国家交通基础设施互联互通合作及投资项目不断增加,双方在交通运输方面的合作上越发密切。

(一)公路

自 2014 年以来,中国与北马其顿、黑山、塞尔维亚等国的公路运输投资项目不断涌现。2014 年,由中国—中东欧国家合作专项贷款支持的北马其顿米拉蒂诺维奇—斯蒂普、基切沃—奥赫里德高速公路项目开工。2014 年,由中国交通建设集团中国路桥工程有限责任公司承建的黑山南北高速公路项目启动,该公路也是黑山的第一条高速公路。2018 年 10 月,贝尔格莱德绕城公路项目进入桥梁施工阶段。2019 年 11 月,中国建筑股份有限公司(中国建筑)和中国电力建设集团有限公司(中国电建)承建的波黑泛欧 5C 高速公路查普利纳段项目正式开工。塞尔维亚 E763 高速公路是中国—中东欧国家合作框架下首个落地的基础设施项目,同时也是中国企业在欧洲承建的第一条高速公路。2019 年,该高速公路奥布雷诺瓦茨—利格段、苏尔钦—奥布雷诺瓦茨段通车;2020 年 11 月,泽蒙—巴塔吉尼卡段通车。2020 年 6 月,由中国山东高速集团有限公司承建的塞尔维亚伊维拉克—拉伊科瓦茨快速公路开工。2020 年 7 月,中国电力建设集团有限公司签约罗马尼亚绕城路建设项目。这是中国公司通过公开竞标在罗马尼亚承接的首个公路设计施工项目。2020 年 10 月,塞尔维亚诺维萨德—鲁马快速路项目设计和建设商务合同签署,该项目全线采用一级快速路标准建设,其中包括一条 3.5 千米长的隧道,建成后将是塞尔维亚境内最长的隧道。

(二)铁路

自 2016 年以来,中国与黑山、波兰、匈牙利等国的铁路运输投资和合作项目不断增加。2016 年 4 月,中国土木工程集团有限公司承揽的黑山铁路修复改造项目 Kolasin-Kos 段工程开工。该项目为中国土木工程集团有限公司在中东欧地区承揽的第一个铁路工程建设项目。2020 年 6 月,波兰 E75 奇热夫—比亚韦斯托克段铁路修复项目签约,标志着中国电力建设集团有限公司成功进入波兰铁路市场,也是中国企业第一次通过竞标在欧盟市场签约的现汇铁路项目。匈塞铁路塞尔维亚段项目由中国国家铁路集团有限公司牵头组成的中国企业联合体承建。建成通车后,两地之间列车运行时间将至少缩短 5 小时。中欧班列在疫情期间开行数量逆势增长;2020 年 9 月,中欧班列(西安—多瑙斯特雷达)抵达斯洛伐克,这有助于推动抵达斯洛伐克的中欧班列常态化开行,以此促进两国务实合作。截至 2020 年底,中欧班列已抵达或途经包括斯洛伐克、匈牙利等 10 余个中东欧国家(表 5-8),为中国与中东欧国家铁路运输合作水平提升作出了巨大贡献。

表 5-8 中欧班列抵达或途经的中东欧国家(截至 2020 年底)

抵达或途经的国家	线 路 名 称
保加利亚	长安号(西安—土耳其)
克罗地亚	义新欧(义乌—马德里)
捷克	义新欧(义乌—布拉格)、汉新欧(武汉—帕尔杜比采)、长安号(西安—安卡拉—布拉格)、蓉欧快线(成都—布拉格)、渝新欧(重庆—帕尔杜比采)
匈牙利	渝新欧(重庆—布达佩斯)、汉新欧(武汉—布达佩斯)、长安号(西安—布达佩斯)、厦蓉欧(厦门—布达佩斯)

续表

抵达或途经的国家	线 路 名 称
波兰	蓉欧快铁(成都—罗兹)、苏满欧(苏州—华沙)、汉新欧(武汉—华沙)、渝新欧(重庆—斯瓦夫库夫)
罗马尼亚	长安号(西安—土耳其)
塞尔维亚	齐鲁号(济南—贝尔格莱德)、中欧班列(贝尔格莱德—武汉)
斯洛伐克	中欧班列(大连—布拉迪斯拉发)、湘欧快线(长沙—布达佩斯)
斯洛文尼亚	中欧班列(西安—布拉迪斯拉发)

(三) 港口

中国与希腊、保加利亚等国家在港口运输合作上关系密切。截至2020年底,中国远洋海运集团有限公司通过加大投资,力争将比雷埃夫斯港发展成为欧洲最大的集装箱港口之一和世界最大的邮轮母港之一。2019年4月,中国机械工业集团有限公司下属的中国机械设备工程股份有限公司与保加利亚瓦尔纳中心物流港口公司就瓦尔纳港口基础设施开发工程签署合同,负责项目设计优化、供货、土建施工等工作。项目开始建设后,工期为36个月。项目建成后,保加利亚港口的现代化水平和货物吞吐能力将得到大幅提升。2020年8月,三一重工的高端集装箱吊运设备在里加港正式启用,极大地提升了波罗的海集装箱码头吞吐能力,推动里加自由港发展成为中东欧地区物流中转枢纽。

(四) 航空

中国对阿尔巴尼亚、捷克、斯洛文尼亚等国在航空运输方面的投资项目不断出现。2016年4月,中国光大集团股份公司收购阿尔巴尼亚地拉那国际机场。2016年6月,万丰奥特控股集团与捷克贸易局签署开展通用领空领域投资合作备忘录。2017年,中国建筑工程总公司与斯洛文尼亚签署马里博尔机场扩建项目总承包框架协议。2018年3月,广州航新科技通过全资子公司香港航新收购爱沙尼亚航空维修 Magnetic MRO AS 公司100%股份。2020年10月,郑州至布达佩斯往返定期货运包机航线正式开通。2021年5月,宁波开通直飞匈牙利布达佩斯的货运航线。该航线的开通可更好地服务中国—中东欧国家合作博览会,为有关企业提供更便捷的空运进出口通道。

2014年1月—2021年5月,中国对中东欧国家交通基础设施主要合作或投资项目成果见表5-9。

表5-9 中国对中东欧国家交通基础设施主要合作或投资项目成果
(2014年1月—2021年5月)

国 家	合作或投资项目	项目描述
阿尔巴尼亚	中国光大集团股份公司收购地拉那国际机场	2016年4月,中国光大集团股份公司签署收购地拉那国际机场的协议
波黑	泛欧5C高速公路查普利纳段项目	2019年11月,中国建筑股份有限公司和中国电力建设集团有限公司承建的波黑泛欧5C高速公路查普利纳段项目开工

续表

国　　家	合作或投资项目	项　目　描　述
保加利亚	瓦尔纳港口基础设施开发工程	2019年4月,中国机械工业集团有限公司下属的中国机械设备工程股份有限公司与保加利亚瓦尔纳中心物流港口公司就该项目签署合同
克罗地亚	佩列沙茨跨海大桥	2018年1月,中国路桥公司联合体成功竞得佩列沙茨跨海大桥及其连线一期工程项目,是两国建交以来最大的合作项目。截至2021年3月,大桥的桩基、承台等施工已全部完成,正在全面进行上部结构安装
捷克	万丰奥特控股集团向捷克通用航空领域注资	2016年6月,万丰奥特控股集团与捷克贸易局签署开展通用领空领域投资合作备忘录
爱沙尼亚	航新科技收购爱沙尼亚航空维修Magnetic公司	2018年3月,广州航新科技通过全资子公司香港航新收购Magnetic MRO AS公司100%股份
希腊	比雷埃夫斯港	2016年,中国远洋海运集团有限公司完成对比雷埃夫斯港务局67%股份收购,成为整个比雷埃夫斯港的经营者
匈牙利	中国与匈牙利货运直航航线开通	2020年10月,郑州至布达佩斯往返定期货运包机航线正式开通。该直航航线开通以后,覆盖中东欧各国快速航空物流通道,促进中东欧地区的电商快递发展。2021年5月,宁波开通直飞匈牙利布达佩斯的货运航线。该航线的开通可更好地服务中国—中东欧国家博览会,为有关企业提供更便捷的空运进出口通道
拉脱维亚	三一重工集装箱起重机启用	2020年8月,三一重工的高端集装箱吊运设备启用,极大地提升了波罗的海集装箱码头的吞吐能力,推动里加自由港发展成为中东欧地区物流中转枢纽
北马其顿	米拉蒂诺维奇—斯蒂普和基切沃—奥赫里德高速公路	2014年,由中国—中东欧国家合作专项贷款支持的这两个高速公路项目开工
黑山	南北高速公路	2014年,由中国交通建设集团中国路桥工程有限责任公司承建的南北高速公路项目正式启动。这是黑山第一条高速公路
黑山	黑山铁路修复改造项目Kolasin-Kos段工程	2016年4月,中国土木工程集团有限公司承揽的黑山铁路修复改造项目Kolasin-Kos段工程开工。该项目为中国土木工程集团有限公司在中东欧地区承揽的第一个铁路工程建设项目
波兰	波兰E75奇热夫—比亚韦斯托克段铁路修复项目	2020年6月,波兰E75奇热夫—比亚韦斯托克段铁路修复项目签约,标志着中国电力建设集团有限公司成功进入波兰和欧盟铁路市场,也是中国企业第一次通过竞标在欧盟市场签约的现汇铁路项目
罗马尼亚	绕城路建设项目	2020年7月,中国电力建设集团有限公司签约绕城路建设项目。这是中国公司通过公开竞标在罗马尼亚承接的首个公路设计施工项目

续表

国　　家	合作或投资项目	项　目　描　述
塞尔维亚	E763高速公路	塞尔维亚E763高速公路是中国—中东欧国家合作框架下首个落地的基础设施项目。2019年,该高速公路奥布雷诺瓦茨—利格段、苏尔钦—奥布雷诺瓦茨段通车。2020年11月,泽蒙—巴塔吉尼卡段通车
	匈塞铁路塞尔维亚段	该项目由中国国家铁路集团有限公司牵头组成的中国企业联合体承建。建成通车后,两地之间列车运行时间将至少缩短5小时
	贝尔格莱德绕城公路	2018年10月,该项目进入桥梁施工阶段。该工程建成后将降低贝尔格莱德市交通压力,也对实现波罗的海、亚得里亚海和地中海互联互通具有重要意义
	伊维拉克—拉伊科瓦茨快速公路	2020年6月,由中国山东高速集团有限公司承建的塞尔维亚伊维拉克—拉伊科瓦茨快速公路开工
	诺维萨德—鲁马快速路	2020年10月,两国签署诺维萨德—鲁马快速路项目设计和建设商务合同。该项目全线采用一级快速路标准建设
斯洛伐克	中欧班列(西安—多瑙斯特雷达)抵达斯洛伐克	2020年9月,中欧班列(西安—多瑙斯特雷达)抵达斯洛伐克,这有助于推动抵达斯洛伐克的中欧班列常态化开行,以此促进两国务实合作
斯洛文尼亚	马里博尔机场扩建	2017年,中国建筑工程总公司与斯洛文尼亚签署马里博尔机场扩建项目总承包框架协议

二、中国与中东欧国家交通运输合作面临的问题与风险

尽管近年来中国与中东欧国家在交通基础设施方面的合作项目日益增加,双方交通运输合作水平日益提升,但也存在一些交通运输合作上的问题与风险。

(一)双方在航空、港口基础设施联通性上存在明显不足

截至2020年,中国仅与捷克、希腊、匈牙利、波兰和塞尔维亚5个国家实现了直航,与中东欧国家直航的数量远远不够,这直接影响了中国—中东欧国家航空基础设施互联互通水平。此外,在班轮运输联通性方面,仅有希腊和波兰两国指数超过0.4,另外仅有克罗地亚和斯洛文尼亚两国超过0.3,这足以说明中国与中东欧国家班轮运输联通性很差,直接造成双方港口基础设施互联互通水平难以提升。因此,虽然中欧班列开行数量不断增加,已辐射大部分中东欧国家,给中国—中东欧国家铁路基础设施互联互通带来极大便利,但是在航空和港口基础设施互联互通方面,双方仍存在明显短板,需引起高度重视。

(二)双方交通运输合作机制不顺畅

中国与中东欧国家通关政策不一致以及交通基础设施互联互通协作机制不顺畅,从而使中国与部分中东欧国家通关速度缓慢,货物积压严重甚至无法通关,产生了联而不通、通而不畅乃至不联不通等严重问题。同时,中国与中东欧国家对交通基础设施建设的一些标准认定不一致,从而造成较为严重的通行障碍。此外,中国与中东欧国家在政治体制、法律

法规、文化以及经济发展水平等诸多方面存在明显差异,对待国际合作的态度不尽相同,这也会使交通基础设施合作投资项目有时出现各方面差异,引起项目进展受阻的状况。

三、中国与中东欧国家交通运输合作的前景分析

(一)中国与中东欧国家及欧盟整体层面交通倡议对接的可能性将进一步增加

中东欧国家中有12国是欧盟成员国,其他国家也将进入欧盟作为根本国策。中国与中东欧国家的政策沟通,在更高层面上体现在中国与欧盟的政策沟通。2018年,欧盟出台了《连接欧洲和亚洲——对欧盟战略的设想》,将中国列为互联互通的首要合作对象,但部分西方媒体将其误读为欧盟要对抗中国"一带一路"倡议。对欧盟政策文件的不同解读体现出各方对中欧在政策对接方面的不同态度,有支持,也有质疑,因此强化中国和中东欧国家及欧盟层面的战略沟通与对接势在必行。例如,在国际合作过程中,强调和申明支持西巴尔干入盟是中国的一贯立场,中国在理念和舆论上坚定支持欧洲一体化。在此基础上,中国与中东欧国家可在《里加声明》涉及的"三海港区"框架下深入合作。同时,为更好地促进"一带一路"倡议和泛欧交通运输网络在交通基础设施、政策和资金等方面的无缝对接,中国与中东欧国家应构建交通基础设施互联互通合作对接机制,充分考虑"一带一路"和"欧版新丝路"的各自诉求,制定出中国与中东欧国家交通基础设施互联互通的实施方案和行动路线图。对于中东欧国家而言,各国具体政策的制定更多是从本国国情和需要出发,因此需要对交通基础设施互联互通这一领域进行深入调研,了解各个国家对交通基础设施互联互通的不同需求、找准合作项目,努力做到"一国一策",使中国的优势与中东欧国家实际需求相契合。对于中国而言,应简化通关手续,提高交通基础设施建设效率,逐步推进中国与中东欧国家交通基础设施互联互通合作项目的进展,由点及面,推动双方整体交通基础设施互联互通合作迈上新台阶。

(二)交通基础设施互联互通将呈现一体化新格局

交通基础设施在中国与中东欧国家深入合作中发挥先导性作用,但部分中东欧国家由于交通基础设施建设资金不足,在公路、铁路、港口、航空等主要交通基础设施建设中欠发达,与中国交通基础设施互联互通水平不高。有鉴于此,上述这些中东欧国家后续应进一步优先推进交通基础设施互联互通建设,抓住关键通道、关键节点和重点工程,以一体化的思想指导本国交通基础设施项目的规划、建设和管理,从而不断加快构建全方位、深层次、多渠道的中国与中东欧国家交通基础设施互联互通一体化新格局。

在推动构建中国—中东欧国家交通基础设施互联互通一体化新格局的过程中,资金问题是一大重要瓶颈。因此,要加强各国之间的援助,大幅缩小中东欧国家之间交通基础设施互联互通水平的差异。交通基础设施互联互通水平较低的主要是经济实力较差的发展中国家,这些国家交通基础设施老化严重,且缺乏交通基础设施投资基金。因此,应将不同国家政府、企业和地方的积极性聚集起来,形成一个央地企三方联动的立体化交通基础设施互联互通体系。尤其是,通过提升依靠中国的开发银行、进出口银行等途径对交通基础设施建设薄弱国家建设资金的支持力度、加强双边投资保护协定、拓宽相关投资领域,引导中国—中东欧国家交通基础设施投资基金建立并覆盖大部分中东欧国家、各国主权基金和商业性股

份投资基金与社会基金共同参与重点交通基建项目,从而加快推进双方交通基础设施建设的深度互联互通,真正实现中国与中东欧国家互利共赢。

(三) 促进交通基础设施互联互通水平提升的政策将进一步建立和完善

在中东欧国家交通基础设施建设不断推进并有所成效的基础上,中国应当继续加大对中欧班列的投入,在条件允许的情况下,在更多的中东欧国家或中东欧城市开设站点,进而不断提升中国—中东欧国家交通运输合作水平。另外,鉴于中东欧国家内部交通基础设施建设水平的滞后性,中国应充分借助中国—中东欧国家合作机制成果,进一步挖掘中东欧国家在交通基础设施建设方面的合作需求。例如,中国政府可以吸取中国与塞尔维亚之间在此方面合作的经验,制定中国输出交通基础设施规划建设方面的技术、经验与资金。此外,还应协助中东欧国家构建快捷、高效的交通网络体系,在降低中国—中东欧国家合作资源流动成本的同时,通过加速中东欧城市化、工业化进程,培育新的经济增长点,为进一步扩大中国与中东欧国家交通运输合作需求创造新机遇。

(四) 地方参与交通基础设施互联互通合作的程度将进一步提升

为发掘地方政府参与中东欧国家交通基础设施互联互通合作的积极性,深化与中东欧国家地方政府间的城市交通合作,要做好以下相关工作:一是赋予地方政府与中东欧国家一定的合作自主权。二是中央政府要做好总体规划设计,依托中国—中东欧国家地方省州长联合会机制引导地方政府发挥自身比较优势,避免地方政府之间恶性竞争及交通基建项目缺乏互补性。三是发挥宁波等地在参与中东欧国家交通基础设施互联互通合作中的中坚作用,依托中国—中东欧国家经贸合作示范区等平台推动建立友好城市交通基础设施互联互通合作关系,设立中东欧国家企业在宁波等地的交通基础设施互联互通项目建设联络处,积极帮助企业收集市场信息,寻求交通基础设施互联互通合作项目投资机会,推进项目落实,实现与中东欧国家交通基础设施互联互通合作常态化。

(五) 中国企业参与交通基础设施互联互通工程的竞争力将进一步提高

中东欧地区多个国家的交通基础设施陈旧,亟待改善、升级或重新建设,具有广阔的投资潜力。当前,中国在许多中东欧国家的交通基础设施互联互通建设的投资都聚焦在"规模大、投资资金高、周期长"的项目上,尽管这有助于提高中东欧国家的参与动力,但考虑到中东欧国家普遍偿债能力较差等因素,要想加强中国企业参与双边交通基础设施互联互通工程的实力,应适度转移思维、调整合作方向,将"少而大"的项目模式转换为"多而小"的项目模式。例如,中国企业可以结合中东欧各国的经济发展水平、地理区位、交通基础设施建设现状,因地制宜开发中东欧国家的城市间铁路、高速公路建设等交通基础设施项目。同时,应多发展中国与中东欧国家交通基础设施互联互通的中小项目,这有助于双方交通基础设施互联互通建设可持续发展,也有助于双方交通基建互联互通项目的落地与实施。

此外,中国企业特别是国有企业,是参与中东欧国家交通基础设施建设项目的主要力量,但其身份容易受到质疑。因此,为了提高中国企业参与交通基础设施互联互通工程的竞争力,尤其是国有企业在参与中东欧国家基建项目时,要发挥主动性,提升在当地舆论、民众心目中的正面形象。

第三节 中国与中东欧国家农业合作分析

2012年,中国—中东欧国家领导人首次会晤于波兰首都,此次会议针对中国—中东欧国家的合作前景进行了规划。截至2021年,中国—中东欧国家领导人会议已召开9次,中国与中东欧国家间的双边贸易条件与经贸合作关系不断加深和完善。在双方合作过程中,第一产业作为中国与中东欧国家开展经贸合作的一个重要领域而得到了长足的发展,中国与中东欧国家就双方如何进一步展开第一产业的双边贸易召开多次协商会晤。对中国与中东欧国家贸易来说,农业合作是一个具有巨大潜力的合作项目,同时也是双方未来重点发展的产业。2015年,中国与中东欧国家通过协商,双方正式建立农业合作促进联合会;2016年,首次在中国召开了中国与中东欧国家的农业部长会议;2017年,第一个农业合作示范区在中国—中东欧国家合作框架指导下实现落地。2017年,中华人民共和国农业部、中华人民共和国国家发展改革委员会、中华人民共和国商务部、中华人民共和国外交部四部委联合发布了《共同推进"一带一路"建设农业合作的愿景与行动》,为"一带一路"沿线国家实现农产品贸易提供了一份详尽的理论纲要。

2021年2月9日,国家主席习近平在中国—中东欧国家领导人峰会发表主旨讲话,提出"坚持务实导向,扩大互惠互利的合作成果",倡议加快中东欧国家农食产品输华准入进程,"争取实现未来5年中国从中东欧国家的农产品进口额翻番,双方农业贸易额增长50%",中方倡议"在中东欧国家合作建设农产品批发市场"。当前疫情持续蔓延,世界经济陷入低迷期,中国与中东欧国家互联互通,要充分利用互联互通成果,加强政策对接、农业科技创新、农产品跨境电商、服务贸易等全方位合作,促进中国—中东欧国家农产品贸易,满足国内不断升级的消费需求,推动中国与中东欧国家农业转型的升级发展。

一、中国与中东欧国家农业合作基础

(一)中国与中东欧国家农业合作平台基础

中国与中东欧国家建立了线上线下多种形式的交流合作平台,农业经贸合作以线下为主,新冠肺炎疫情暴发后,线上交易发展迅速,成为当前主要交易和交流形式,主要平台有三种:一是以线下展会和展馆为主要交易模式,包括中国—中东欧国家农业经贸合作论坛、中国国际进口产品博览会、中国国际农产品交易会、波兹南农产品展、中东欧国家葡萄酒展等大型国际展会,其中,以中国—中东欧国家农业经贸合作论坛为主,截至2019年,该论坛已成功举办14届,其中10届在中国举办,4届在中东欧国家举办。二是中东欧国家农产品展销平台,直接促进了农产品贸易。中国与中东欧国家已设立多个常设性农产品展销平台,包括:中国深圳盐田港中国—中东欧国家农产品电商物流中心与展示馆,宁波、深圳、成都、郑州等地设立的中东欧在华产品展销国家馆等常设性展销平台。三是线上农业经贸交流交易活动。2020年疫情暴发后,中国—中东欧国家线上农业经贸活动成为主要形式,举办了线上农业经贸合作活动,开启了中国—中东欧国家经贸论坛线下线上联动模式。

（二）中国与中东欧国家贸易合作基础

中东欧国家农业基础好，贸易活跃。中东欧国家拥有较好的土地资源禀赋、适宜农业生产的气候条件、相对完备的农业基础设施以及较为充足的劳动力，为推动农业发展奠定了良好基础条件。近年来，中东欧国家农产品贸易发展较快，据 UN Comtrade 数据，2019 年，中东欧国家农产品贸易额 1 875.3 亿美元，其中，进口 897.2 亿美元，出口 978.1 亿美元。中东欧农产品进出口主要品种为畜产品、饮品、水果、蔬菜、水产品和谷物，其中，谷物和畜产品为贸易顺差产品，蔬菜、水产品、水果和饮品为贸易逆差产品。

中东欧国家与中国农产品贸易相互依存度均较低，基本均不到各自农产品贸易总额的 1%。2019 年，中国与中东欧国家农产品贸易总额为 14.58 亿美元，仅占中国对全球农产品贸易额的 0.63%。中国对中东欧国家基本均处于贸易顺差状态，但呈下降趋势，顺差额已从高峰期 2008 年的 7.04 亿美元下降到 2019 年的 2.54 亿美元，反映了中东欧农产品逐步在国内受到消费者认可。在贸易品种方面，中国对中东欧国家出口农产品主要是水产品、畜产品、蔬菜、油籽和水果，进口农产品主要是畜产品、饮品、棉麻丝和水果，占比均超过 60%。从交通物流看，首先国内运输的渠道以海运为主，约 70%农产品通过海运运到沿海港口；其次是中欧班列；最后是空运。

二、中国—中东欧国家农业合作存在的问题

（一）中东欧国家与中国农产品贸易不平衡

从中东欧国家的地缘分布来看，其位于亚欧大陆的中部位置，作为全球第二大经济体的中国位于其东边地区，其西方是拥有巨大市场体量的西欧国家。相较于中国来说，中东欧国家拥有较强的资源禀赋，能够与中国形成互补，但其生产力未能形成较强的合力，尚且无法满足庞大的市场需求。对于西欧国家来说，中东欧国家拥有其独具一格的地缘优势，与多方互联互通，不足的是其经济发展情况参差不齐，且整体水平低于西欧国家。虽然中东欧地区的农业产业比较发达，能够和中国进行优势互补，实现优势资源的转移互补，但是目前中东欧国家中能够和中国开展大规模农产品贸易合作的国家仅限于波兰等少数国家，其他各国和中国之间的农产品贸易合作开展水平并不统一，各国和中国之间的农产品贸易发展并不平衡。

（二）贸易壁垒存在

当前，中国与中东欧国家之间的经贸合作项目都取得了不同程度的成就。2015 年，中国与中东欧国家累计合作完成了 9 国 12 品的准入机制再设计与再建设。但是，中国与中东欧国家当下在农业合作领域仍存在诸多壁垒问题，从而导致了双方面临许多贸易摩擦，这对于中国与中东欧国家间农业合作是一个巨大的挑战。

（三）中东欧国家对欧盟市场过于依赖

2019 年，中东欧各国与欧盟的贸易额为 1 371.5 亿美元，占总贸易额的 73.4%，其中德

国、意大利、荷兰、法国和西班牙等欧盟成员国是主要的贸易对象,欧盟以外的主要贸易伙伴为英国、俄罗斯、土耳其、美国等。

三、中国与中东欧国家农业合作重点国家选择

(一) 波兰

波兰经济体量居中东欧国家首位,2019年,GDP达5 898.5亿美元,同时作为欧洲农业大国,其蔬菜水果产量位居欧洲前列,被称为"欧洲的果园",每年向中国出口大量蔬菜水果,并从中国进口大量畜产品。从投资政策来看,波兰高度重视外资引进,2018年流入波兰的外国直接投资达115亿美元,其优越的地理位置、优质的人力资源及良好的经济政策,使其成为仅次于瑞典的欧洲第七大外国投资目的地。从交通物流来看,波兰是中欧班列进入欧盟第一站,是中国通往西欧、北欧国家的桥梁,也是中国在中东欧最大贸易伙伴,中波在农业领域有较大合作空间。

(二) 匈牙利

匈牙利农业基础条件优越,农业在国民经济中占重要地位,且交通便利、区位优势明显、交通基础设施完善,建有以首都为中心,通向全国和邻国的铁路和公路网、通往世界各地的航空线路。2014年,欧盟委员会发布《欧盟交通基础设施新政策备忘录》,提出打造跨欧洲九条主干交通走廊计划,其中地中海走廊和莱茵河至多瑙河走廊两条核心路线都经过匈牙利境内,地理位置和交通优势使其成为欧洲贸易路线上的重要节点,匈牙利农产品可方便进入欧盟、俄罗斯、巴尔干和东欧市场。中国东方航空集团有限公司于2021年5月开通了宁波—布达佩斯货运航班,为中国与中东欧国家开展农产品空运合作提供新的便利条件。

(三) 希腊

希腊农产品种类繁多,2019年农业总产值为111亿欧元,占欧盟的2.8%。从地理位置来看,希腊地处海上丝绸之路与陆上丝绸之路的交汇点,是"一带一路"的重要合作伙伴。作为航运大国,希腊拥有各类港口444个,其中16个为国际港口,主要港口包括比雷埃夫斯、萨洛尼卡、沃洛斯等。其中位于希腊东南部的比雷埃夫斯港是希腊最大港口,自2010年中国企业正式参与运营以来,比雷埃夫斯港发展迅速,目前已成为全球发展最快的集装箱港口之一,2019年集装箱吞吐量达565万标箱,成为地中海第一大港和世界排名30位的港口。中希双方着力将比雷埃夫斯港打造成地中海地区重要的集装箱中转港、海陆联运桥头堡、国际物流分拨中心,为中欧陆海快线以及"一带一路"建设发挥重要支点作用。中希两国在政治上友好互信,合作基础好。

(四) 罗马尼亚

农业是罗马尼亚国民经济的主要产业,基础较好。罗马尼亚在欧洲地理位置较为重要,泛欧洲七号走廊(水路)将罗马尼亚与多瑙河沿岸的其他13个欧洲国家相连,使罗马尼亚成

为连接黑海港口与外高加索地区、中亚和东亚的关键节点。罗马尼亚康斯坦察港是黑海第一大港,年吞吐量约为 1 亿吨,与铁路、公路、内河、航空和管道网络相连,是西欧发达国家和中东欧新兴市场间的货物中转站。从合作意愿来看,2018 年,罗马尼亚交通部国务秘书米内亚表示,欢迎"一带一路"沿线国家打造亚欧铁海联运通道,使罗马尼亚黑海港口康斯坦察成为新丝绸之路上的重要枢纽。

四、推进中国与中东欧国家农产品贸易的建议

(一)与中东欧国家合作建设农产品批发市场

以落实习近平主席在中国—中东欧国家领导人峰会上提出的"在中东欧国家合作建设农产品批发市场"倡议为指导,突出"合作建设",充分关切中东欧国家诉求,打造由中国和中东欧国家共同建设的农产品新型经贸合作平台。一是探索政策对接,释放政策红利,建立中国与中东欧国家类似自贸区功能的批发市场,促进贸易和投资便利化,试点"智慧海关、智能边境、智享联通"等措施;增强出口保险、贷款等资金支持,促进双方优惠政策叠加增效。充分发挥市场在资源配置中的决定性作用,调动市场主体的主动性、积极性和创造性,激发市场主体的内生动力。二是充分考虑中东欧国家的区位优势、产业基础和交通条件等要素,突出农产品集散功能,选择支点国家,以支点带动全局,建设分步式物流网络,带动中东欧国家农产品流动。另外,体现与中东欧国家合作的均衡性或普惠性,尽量考虑合作意愿,坚持大国、小国一律平等。三是立足中东欧国家现有的批发市场,和海陆空交通路线、物流设施、农产品电商平台等平台资源进行整合协调。升级现有平台的产品展示、线上交易和跨国贸易等功能,加大、加快中东欧国家农产品推介合作,全面推进中国与中东欧国家农产品贸易的快速发展,助力"争取实现未来 5 年中国从中东欧国家的农产品进口额翻番,双方农业贸易额增长 50%"目标。

(二)"一国一品"选择重点产业

由于中东欧国家的地理位置分布特点,中东欧国家的历史人文以及自然资源禀赋带来的农业基础呈现差异化、多元化的特点,针对中东欧国家的不同国情进行深入分析,从而实现其产业的精准定位与甄别,是使中东欧各国优势得到充分利用的必然选择。同时,结合中东欧各国的现状,发展不同国家的重点农业产品,将贸易壁垒、产品选择、产品推介等多方位进行多点式推动,实现中东欧国家对中国的农产品贸易优势,在发挥中东欧地域优势的前提下,实现双方的互利共赢合作。除了形成新机制以外,中国与中东欧国家的农业合作还应发挥原有合作机制的作用,以农业农村部为核心,推动中国农业发达的地区与中东欧国家建立深入的农业合作机制,在"一国一品"的合作方针指导下,形成中国与中东欧国家、地方与中东欧国家的特色型农业合作格局。

(三)深化全产业链合作

在中国与中东欧国家的合作中,首先,应加强对双方自由农产品的宣传与推介,将自身农业优势产品的知名度推向市场受众;其次,应充分发挥各种农产品博览会、推介会、展销

会平台的宣传效用,通过以上平台搭建中国与中东欧国家之间优势农产品信息互联互通的交流平台;最后,应积极响应习近平主席"搭建中东欧农产品批发市场"的倡议,持续推动中欧班列等物流通道建设,实现双方线上线下购销平台搭建与运营,进一步扩大中国与中东欧国家间农业合作与农产品贸易的规模。

第四节 中国与中东欧国家数字经济合作分析

数字经济合作是以数据为基础,运用现代信息技术将数据转化为制造业可用信息,促使数据信息与传统制造业深度融合,不断提高制造业的数字化水平,加速制造业智能化转型升级。在数字经济中,数字网络和通信基础设施搭建了能够促进个人和组织交往、通信、合作和信息共享的平台。中方在2017年11月出席第六次中国—中东欧国家领导人会晤期间表示,中方与中东欧国家之间的政治互信日益加深,先后同塞尔维亚、波兰和匈牙利建立了全面战略伙伴关系,和捷克成为战略伙伴,经济合作稳步增长,并提出了从共建"一带一路"中寻找新动力、深化互联互通和产能等领域合作的希望。数字经济已经成为"一带一路"倡议和欧洲发展战略对接的新亮点,并为中欧互联互通合作拓展了新的内涵。

一、中国—中东欧国家数字经济合作的发展现状与问题分析

(一)合作环境存在复杂性

中东欧国家情况比较复杂,各个国家数字经济发展水平有高低之分,部分国家(如保加利亚等)已经开始进行数字化经济建设,部分国家(如阿尔巴尼亚、黑山和北马其顿等)还处于起步阶段,不同国家的数字经济发展产生了明显差距。塞尔维亚和捷克等国与欧盟在数字经济合作方面逐步产生分歧,亟待寻找新的合作伙伴解决数字经济发展所带来的困境。中东欧国家与中国有着较好的合作基础,"一带一路"倡议为中东欧国家数字经济发展带来了机遇。同时因为宗教信仰、历史、政治和地理等,部分相邻国家之间的关系交织成复杂的网络,民族之间也存在着不同层次的意见和分歧,这些因素又成为中东欧国家数字经济合作发展中的障碍。

(二)数字经济发展具有不平衡性

从经济发展的角度来看,经济总量超过1 000亿美元的国家仅有波兰、捷克、罗马尼亚、匈牙利4个国家,存在一定的差距,人均国民收入也比较悬殊,从而导致数字经济发展的不平衡。从市场潜力、人口数量等角度来看,中东欧各国的数字经济发展出现分级化的趋势。在人口多、市场需求大的国家,预计开展和开展中的合作项目数量多、规模大、影响广,取得显著的效果。而在一些人口不多、市场需求比较小的中小国家,其开展的合作项目数量少、规模小,数字经济的吸引力和影响力日渐下降。

(三)数字经济合作机制在不断加强

在2021年中国—中东欧国家领导人峰会上,中方提出将推动建立中国—中东欧国家电

子商务合作对话机制,这必将对中东欧国家数字经济发展产生积极作用。在第二届中国—中东欧国家博览会上,中国与阿尔巴尼亚、匈牙利、塞尔维亚、黑山等国代表在线共同启动中国—中东欧国家电子商务合作对话机制,共享数字经济发展红利。

(四)数字经济合作具有较强的互补性

就中国—中东欧国家合作而言,中国作为地区大国,以实际行动回应中东欧国家的期待,发挥着负责任大国的作用,积极提供了制度性的区域合作公共产品。中国在跨境贸易、数字基础设施和数字支付等数字产业化方面处于世界领先地位,在工业互联网和智能制造等产业数字化领域具有较强的比较优势。中国与中东欧国家在数字经济和高科技产业领域深入交流,促进了创新资源在全球范围内的有效整合与高效配置,通过建立更为紧密的产业分工和区域价值链体系,缓解单边主义、保护主义给全球化带来的负面效应。中东欧国家经济增长源自消费、投资和出口。中东欧国家国内需求,特别是较低的失业率和提高的工资水平驱动的国内消费是推动经济增长的一个来源,而中国的直接投资则推动了中东欧国家的经济增长,促进了中东欧国家的产业转型。

二、中国—中东欧国家数字经济合作重点领域

在创新发展合作领域,数字经济正成为中东欧国家与中国合作重点领域之一,也是促进全球经济增长的新动力。加强与中东欧国家在数字经济领域的合作,可以充分发挥中国数字经济优势,激发数字技术、数据资源、数字人才等要素活力,促进"城市大脑"、新型数据库、智联网与区块链等领域的产业合作;培育在线教育、在线办公、在线医疗等新业态、新模式,大力发展数字贸易;充分发挥 eWTP(世界电子贸易平台)的作用,积极主导、制定数字经济标准规则,并加大国际输出等领域深度合作,支持双方企业开拓市场、对接产业,也为"数字丝绸之路"合作注入新动力。

(一)数字技术合作领域

中国—中东欧国家数字经济发展核心在于掌握核心技术,实现核心技术、关键技术的自主可控,最终目标是促进双方工业、制造业转型升级,迈向更高端。突破数字经济中的核心技术,提高数字经济发展的核心竞争力。针对芯片和操作系统等高精尖技术,加大基础和创新专项项目的科研投入,建设重点实验室,突破高端芯片、边缘计算等关键技术,构建能够支撑数字经济合作发展的产业技术创新体系。培育出更多具有国际影响力的平台型企业。平台型企业能聚集整合不同市场主体的资源,通过数字化平台演化为新的商业模式和业态。

(二)"城市大脑"、新型数据库、智联网与区块链等产业合作领域

新一轮科技革命和产业变革方兴未艾,数字化正以不可逆转之势深刻改变人类生产生活方式。作为新基建的重要内容,"城市大脑"不仅仅是技术创新,更是社会创新,揭示了城市未来的发展模式,也预示了城市文明新阶段的到来。"城市大脑"管理运行的领域、类型与内容还将不断扩展,运用大数据、云计算等前沿技术推动城市管理手段、管理模式、管理理念创新,从数字化到智能化再到智慧化,是推动城市治理体系和治理能力现代化的必由之路。以云数据为内核的生态整合实力,基于"云+数"优势,通过打造城市级"云数"平台,面向中

东欧国家打造"合作生态",助力合作伙伴基于平台快速构建应用层。

中国—中东欧区块链卓越中心(以下简称"中心")旨在成为区块链和DLT(分布式账本技术)的全球领先研究和创新中心。这些技术应用于能源、金融、航空航天、制造、物流等众多行业,并在加强中国—中东欧经贸合作、促进我国高精尖产业发展、推动金融科技领域技术革新等方面发挥重要作用。中心主要采用PPP(政府和社会资本合作)的模式促成大型企业、初创团队、顶级科研中心和中东欧各国政府部门之间的相互合作,推动中国与中东欧国家的科技与经贸合作达到更高水平,成为中国与中东欧国家深化"一带一路"国际合作的重要平台。中心致力于将区块链技术从早期市场带入主流应用市场,为新能源智能汽车、智能电表互联网化、电子消费服务等领域的新技术、新产品提供更多的应用机会。在国际化科技服务方面,中心还与中科大洋、索贝、阿里云、网宿科技等现阶段较成熟的渠道服务提供商进行合作,为高精尖产业链发展赋能。

(三)数字化转型领域

在数字经济背景下,原有的时间、空间和产业局限被打破。大数据、新一代通信技术、人工智能等前沿概念为中国与中东欧国家各行各业构建了新的发展蓝图,数字化转型成为双方企业实现可持续经营的必经之路。场景化是数字化转型的核心,数字化转型需要结合企业自身业务,如业务流程的自动化、专业工作的智能化,极大地减少不必要的低效率项目管理和专业工作,优化产能,实现降本增效的目标。数字化转型通过人与机器的重新分工,产生新的价值创造点,为中国—中东欧国家的企业带来商业模式的创新和变革。通过建立集成设计、采购、施工的数字化项目平台,数据积累和互联,实现向项目(如工厂、设施等)交付智能化,优化项目投产后的运营维护效率,延展双方企业的服务价值链及提升经济价值。

(四)数字化应用场景

我国服务部门和服务业因势利导、借势发展,深度挖掘服务业的数字化合作发展,支持生产性服务业企业通过互联网搭建智慧物流、智慧供应链等场景,解决制造业在生产过程中可能会出现的问题。转变服务观念,重视双方服务细节,主动创新和提供优质服务产品,满足中国—中东欧国家日益发展的高水平需求。充分利用数字技术,汇聚市场需求信息,研究消费者偏好,适时输送相关服务,激活市场消费潜能。要加强创新、创意和创造,善于利用新颖的想法,富有创意的设计图,为会展服务注入新鲜的血液和力量,构建会展营销生态产业圈。利用数字经济合作建立技术导向的服务供应链系统,优化服务节点,建立以服务企业为核心的价值链、信息链、金融链和风险防控链,提升数字经济合作下服务业的运行效率。

(五)数字贸易领域

中国与中东欧国家在展开传统领域合作的同时,也在不断拓展合作新空间。数字经济与生活性服务业深度融合,孕育新兴产业或新业态,如数字贸易、数字技术、电子商务等。其中电子商务已经成为中国与中东欧国家经贸合作中活跃程度高、发展潜力大的新引擎。中国与一些中东欧国家建立了双边电子商务合作机制,共同开展多领域、多层次的合作。借助港口物流、智能通关、环境营商等优势,中国部分地区正在成为中国—中东欧国家创新经贸合作模式的先行者。2021年6月8日下午,中国—中东欧国家"丝路电商"发展高峰论坛在宁波成功举办,中方表示浙江将推动中国—中东欧国家电子商务合作对话机制在宁波落地运行,促进更多电商领域的企业投资、人才培养、标准制定、物流建设等合作项目结出硕果,帮助更多的中东欧商品通过电商模式进入中国市场,进一步扩大中国与中东欧国家的经贸往来。

第五节 中国与中东欧国家绿色经济合作分析

一、六大类绿色产业

绿色产业是指积极采用清洁生产技术,采用无害或低害的新工艺、新技术,大力降低原材料和能源消耗,实现少投入、高产出、低污染,尽可能把对环境污染物的排放消除在生产过程之中的产业。国际绿色产业联合会发表过如下声明:"如果产业在生产过程中,基于环保考虑,借助科技,以绿色生产机制力求在资源使用上节约以及污染减少(节能减排),我们即可称其为绿色产业。"

由于"绿色"概念的宏观特性和抽象性,各部门对"绿色产业"界限的定义不同,产业政策不集中,存在"泛绿色"现象,因此对绿色产业的发展有一定的影响。国家发展改革委等部门联合印发的《绿色产业指导目录(2019年版)》,提出了绿色产业发展重点。《绿色产业指导目录(2019年版)》将绿色产业一共分为六大类,分别是节能环保产业、清洁生产产业、清洁能源产业、生态环境产业、基础设施绿色升级和绿色服务,进一步可以细化出30个二级分类和211个三级分类,还详细地解释并说明了每一个三级分类,并给出了界定条件。下面根据《绿色产业指导目录(2019年版)》的相关信息将各级分类汇总在表5-10中。

表5-10 中国绿色产业指导目录

一级分类	二级分类	三级分类
节能环保产业	高效节能装备制造	节能锅炉制造,节能窑炉制造,节能型泵及真空设备制造,节能型气体压缩设备制造,节能型液压气压元件制造,节能风机风扇制造,高效发电机及发电机组制造,节能电机制造,节能型变压器、整流器、电感器和电焊机制造,余热余压余气利用设备制造,高效节能家用电器制造,高效节能商用设备制造,高效照明产品及系统制造,绿色建筑材料制造,能源计量、监测、控制设备制造
	先进环保装备制造	水污染防治装备制造,大气污染防治装备制造,土壤污染治理与修复装备制造,固体废物处理处置装备制造,减振降噪设备制造,放射性污染防治和处理设备制造,环境污染处理药剂、材料制造,环境监测仪器与应急处理设备制造
	资源循环利用装备制造	矿产资源综合利用装备制造,工业固体废物综合利用装备制造,建筑废弃物、道路废弃物资源化无害化利用装备制造,餐厨废弃物资源化无害化利用装备制造,汽车零部件及机电产品再制造装备制造,资源再生利用装备制造,非常规水源利用装备制造,农林废物资源化无害化利用装备制造,城镇污水处理厂污泥处置综合利用装备制造
	新能源汽车和绿色船舶制造	新能源汽车关键零部件制造和产业化,充电、换电及加氢设施制造,绿色船舶制造

续表

一级分类	二级分类	三级分类
节能环保产业	节能改造	锅炉(窑炉)节能改造和能效提升、电机系统能效提升、余热余压利用、能量系统优化、绿色照明改造、汽轮发电机组系统能效提升
	污染治理	良好水体保护及地下水环境防治、重点流域海域水环境治理、城市黑臭水体整治、船舶港口污染防治、交通车辆污染治理、城市扬尘综合整治、餐饮油烟污染治理、建设用地污染治理、农林草业面源污染防治、沙漠污染治理、农用地污染治理、噪声污染治理、恶臭污染治理、农村人居环境整治
	资源循环利用	矿产资源综合利用,废旧资源再生利用,城乡生活垃圾综合利用,汽车零部件及机电产品再制造,海水、苦咸水淡化处理,雨水的收集、处理、利用,农业废弃物资源化利用,城镇污水处理厂污泥综合利用
清洁生产产业	产业园区绿色升级	园区产业链接循环化改造、园区资源利用高效化改造、园区污染治理集中化改造、园区重点行业清洁生产改造
	无毒无害原料替代使用与危险废物治理	无毒无害原料生产与替代使用、危险废物处理处置、危险废物运输、高效低毒低残留农药生产与替代
	生产过程废气处理处置及资源化综合利用	工业脱硫脱硝除尘改造、燃煤电厂超低排放改造、挥发性有机物综合整治、钢铁企业超低排放改造
	生产过程节水和废水处理处置及资源化综合利用	生产过程节水和水资源高效利用、重点行业水污染治理、工业集聚区水污染集中治理、畜禽养殖废弃物污染治理
	生产过程废渣处理处置及资源化综合利用	工业固体废弃物无害化处理处置及综合利用、历史遗留尾矿库整治、包装废弃物回收处理、废弃农膜回收利用
清洁能源产业	新能源与清洁能源装备制造	风力发电装备制造、太阳能发电装备制造、生物质能利用装备制造、水力发电和抽水蓄能装备制造、核电装备制造、非常规油气勘查开采装备制造、海洋油气开采装备制造、智能电网产品和装备制造、燃气轮机装备制造、燃料电池装备制造、地热能开发利用装备制造、海洋能开发利用装备制造
	清洁能源设施建设和运营	风力发电设施建设和运营、太阳能利用设施建设和运营、生物质能源利用设施建设和运营、大型水力发电设施建设和运营、核电站建设和运营、煤层气(煤矿瓦斯)抽采利用设施建设和运营、地热能利用设施建设和运营、海洋能利用设施建设和运营、氢能利用设施建设和运营、热泵设施建设和运营
	传统能源清洁高效利用	清洁燃油生产、煤炭清洁利用、煤炭清洁生产
	能源系统高效运行	多能互补工程建设和运营、高效储能设施建设和运营、智能电网建设和运营、燃煤发电机组调峰灵活性改造工程建设和运营、天然气输送储运调峰设施建设和运营、分布式能源工程建设和运营、抽水蓄能电站建设和运营

续表

一级分类	二级分类	三级分类
生态环境产业	生态农业	现代农业种业及动植物种质资源保护,绿色有机农业,农作物种植保护地、保护区建设和运营,森林资源培育产业,林下种植和林下养殖产业,碳汇林、植树种草及林木种苗花卉,林业基因资源保护,绿色畜牧业,绿色渔业,森林游憩和康养产业,农作物病虫害绿色防控
	生态保护	天然林资源保护,动植物资源保护,自然保护区建设和运营,生态功能区建设维护和运营,国家公园、世界遗产、国家级风景名胜区、国家森林公园、国家地质公园、国家湿地公园等保护性运营
	生态修复	退耕还林还草和退牧还草工程建设,河湖与湿地保护恢复,增殖放流与海洋牧场建设和运营,国家生态安全屏障保护修复,重点生态区域综合治理,矿山生态环境恢复,荒漠化、石漠化和水土流失综合治理,有害生物灾害防治,水生态系统旱涝灾害防控及应对,地下水超采区治理与修复,采煤沉陷区综合治理,农村土地综合整治,海域、海岸带和海岛综合整治
基础设施绿色升级	建筑节能与绿色建筑	超低能耗建筑建设、绿色建筑、建筑可再生能源应用、装配式建筑、既有建筑节能及绿色化改造、物流绿色仓储
	绿色交通	不停车收费系统建设和运营,港口、码头岸电设施及机场廊桥供电设施建设,集装箱多式联运系统建设和运营,智能交通体系建设和运营,充电、换电、加氢和加气设施建设和运营,城市慢行系统建设和运营,城乡公共交通系统建设和运营,共享交通设施建设和运营,公路甩挂运输系统建设和运营,货物运输铁路建设运营和铁路节能环保改造
	环境基础设施	污水处理、再生利用及污泥处理处置设施建设运营,生活垃圾处理设施建设和运营,环境监测系统建设和运营,城镇污水收集系统排查改造建设修复,城镇供水管网分区计量漏损控制建设和运营,入河排污口排查整治及规范化建设和运营
	城镇能源基础设施	城镇集中供热系统清洁化建设运营和改造、城镇电力设施智能化建设运营和改造、城镇一体化集成供能设施建设和运营
	海绵城市	海绵型建筑与小区建设和运营、海绵型道路与广场建设和运营、海绵型公园和绿地建设和运营、城市排水设施达标建设运营和改造、城市水体自然生态修复
	园林绿化	公园绿地建设、养护和运营,绿道系统建设、养护管理和运营,附属绿地建设、养护管理和运营,道路绿化建设、养护管理,区域绿地建设、养护管理和运营,立体绿化建设、养护管理

续表

一级分类	二级分类	三级分类
绿色服务	咨询服务	绿色产业项目勘察服务、绿色产业项目方案设计服务、绿色产业项目技术咨询服务、清洁生产审核服务
	项目运营管理	能源管理体系建设、合同能源管理服务、用能权交易服务、水权交易服务、排污许可及交易服务、碳排放权交易服务、电力需求侧管理服务、可再生能源绿证交易服务
	项目评估审计核查	节能评估和能源审计、环境影响评价、碳排放核查、地质灾害危险性评估、水土保持评估
	监测检测	能源在线监测系统建设、污染源监测、环境损害评估监测、环境影响评价监测、企业环境监测、生态环境监测
	技术产品认证和推广	节能产品认证推广、低碳产品认证推广、节水产品认证推广、环境标志产品认证推广、有机食品认证推广、绿色食品认证推广、资源综合利用产品认定推广、绿色建材认证推广

资料来源：国家发展改革委等部门《绿色产业指导目录（2019年版）》。

二、中国与中东欧国家绿色产业合作的现实基础与问题

2021年2月9日，习近平主席在中国—中东欧国家领导人峰会讲话指出，中国—中东欧国家合作未来应从团结抗击疫情、聚焦互联互通、扩大务实合作、着眼绿色发展和科技创新四个方面入手。着眼绿色发展，打造面向未来的合作动能。坚定不移推进应对气候变化国际合作，以2021年"中国—中东欧国家合作绿色发展和环境保护年"为契机，深化绿色经济、清洁能源等领域交流合作。因此，加强中国与中东欧国家绿色产业合作显得尤为重要。

（一）中国与中东欧国家绿色产业合作的现实基础

1. 合作共识不断夯实

2012年至2021年，中国与中东欧国家的领导人进行了多次会晤。在第二次中国—中东欧国家领导人会晤中，提出要大力加强绿色合作；第五次中国—中东欧国家领导人会晤中提到要开拓绿色经济合作新空间；第七次中国—中东欧国家领导人会晤中，肯定中国—中东欧国家合作的"绿色通道"作用；在2021年的中国—中东欧国家领导人峰会中，习近平主席指出了加强与中东欧国家绿色合作的重要性。

除此之外，中国与中东欧国家也在多个方面达成了一定的共识，通过了很多纲领性的文件。2017年11月，中国和中东欧国家领导人在匈牙利举行会晤，通过《中国—中东欧国家合作布达佩斯纲要》，支持黑山牵头组建中国—中东欧国家环保合作机制；2018年7月7日，第七次中国—中东欧国家领导人会晤通过了《中国—中东欧国家合作索非亚纲要》，要求培育环保合作新动能；中国在两次会议中都表示将与中东欧国家一道继续落实《中国—中东欧国家合作布达佩斯纲要》和《中国—中东欧国家合作索非亚纲要》；2019年12月11日，欧盟委员会发布了《欧洲绿色新政》及路线图，我国"一带一路"倡议与欧盟《欧洲绿色新政》在绿色可持续发展上理念契合，双方可加强绿色标准的对接，共建绿色"一带一路"；2020年

11月12日,习近平主席在第三届巴黎和平论坛上表示中欧都坚持绿色发展理念,致力于应对气候变化《巴黎协定》;2020年11月16日,以"打造中欧绿色引擎、助力疫后全球经济复苏"为主题的中欧绿色合作高级别论坛在线上举行,中欧双方打造中欧绿色合作伙伴关系,充分利用技术、产业和资金的互补优势,寻求经济可持续发展。

中国与中东欧国家绿色合作近年来克服了众多的考验,合作共识不断夯实。双方始终实践可持续发展理念,坚持以相互尊重为基础,密切结合各国实际情况制定绿色合作规划,赢得中东欧国家的大力支持和积极参与,绿色发展理念不断加深。

2. 合作行动逐步展开

近年来,随着全球气候问题的日益加剧,绿色发展理念日渐深入人心,中国与中东欧国家改善生态环境,发展绿色产业的合作行动逐步开展,随着合作程度的日益加深,双方的绿色产业项目将不断增多。表5-11列举了近年来的部分绿色产业合作项目。

表5-11 中国与中东欧国家部分绿色产业合作项目

时间	国家	合作的内容
2015年11月9日	中国、罗马尼亚	签署了《切尔纳沃德核电3、4号机组项目开发、建设运营及退役谅解备忘录》。罗中以中国—中东欧国家合作为平台,在开发可再生能源、基础设施、农业等领域逐步开展合作
2017年6月28日至7月6日	中国、捷克	中国水产科学研究院院长崔利锋率团访问捷克南波西米亚大学,就加强绿色渔业科学技术合作的方案进行了深入的讨论,签署了《中国水产科学研究院与捷克南波西米亚大学谅解备忘录》。决定在保护鱼类生态管理公社、水质污染管理、水产养殖等领域进行实务合作
2019年6月17日	中国、匈牙利	中国机械进出口集团有限公司考波什堡100兆瓦太阳能电站项目开工仪式举行,考波什堡光伏项目是在中国—中东欧合作平台框架下应运而生的项目,也是中匈两国加强生态环保、绿色发展领域交流合作的重点项目
2019年9月11日	中国、匈牙利	中车株洲电力机车有限公司与匈牙利铁路货运公司在布达佩斯签订机车订单,该车的辅助电源组使用绿色锂电池,避免了燃料浪费和空气污染,通过该项目,中国积极参与欧洲铁路交通建设,努力为匈牙利等欧洲国家提供安全、绿色、全生命周期的铁路交通系统解决方案
2019年10月30日	中国、波兰	中国能源建设集团之附属公司中国能源建设集团南方建设投资有限公司之附属公司中国能源建设集团广东火电工程有限公司签订波兰波罗的海324.8兆瓦风电项目EPC合同
2019年11月6日	中国、拉脱维亚	哈尔滨市政府与拉脱维亚里加油漆涂料厂及其中国总代理北京瑞拉克矿物涂料有限公司战略合作备忘录签署仪式在第二届中国国际进口博览会现场举行。其间与拉方和中国驻拉脱维亚使馆就加强哈尔滨市与拉脱维亚在经贸及环保等领域合作进行深入探讨。根据战略合作备忘录,今后拉脱维亚里加油漆涂料厂和北京瑞拉克矿物涂料有限公司将积极参与哈尔滨绿色生态文明城市建设。拉方愿同中方加强在环保、可再生能源及医药等领域的全方位合作

续表

时间	国家	合作的内容
2019年11月11日	中国、希腊	"关键的绿色项目"之一的希腊 MINOS 50 兆瓦光热发电项目多边合作协议成功签署。该项目可大幅提高当地清洁能源比例,保护岛内生态环境与旅游资源。同时签订《希腊克里特岛联网项目股权投资意向协议》,促进电力基础设施互联互通,深化中希能源领域务实合作,服务和推进"一带一路"建设
2019年11月18日	中国、黑山、马耳他	中马黑能源合作取得重要成果,黑山莫祖拉风电项目完工仪式顺利举行,莫祖拉风电项目促进了中国—中东欧产能合作,推动了中国设备、标准、技术、资金"走出去",为黑山低碳清洁发展提供了中国方案,为促进中欧友好合作和能源转型发展作出积极贡献
2020年2月26日	中国、波兰	中国建材集团所属凯盛科技与 GPC 集团通过视频连线的方式缔结了波兰 150 兆瓦地面光伏电站总承包合同。双方将以此项目为基础,扎根东欧光伏市场,并在全球范围内拓展光伏电站业务
2020年6月9日	中国、黑山	中国东方电气集团有限公司与黑山国家电力公司 EPCG 在普列夫利亚市签订普列夫利亚热电站一期生态改造项目 EPC 总包合同,合同金额约 5 400 万欧元。生态改造包括三个系统改造(除灰渣系统改造、启动锅炉改造、消音降噪功能改造)和四个新建系统(脱硫脱硝系统、机力通风冷却塔系统、污水处理系统、供热系统)

资料来源:数字中东欧经贸促进中心网站。

由表 5-11 可知,中国与中东欧国家在清洁能源产业、节能环保产业等方面的合作逐步开展,双方合作日益加深,实现了助力各自绿色发展、增进民生福祉的目标。

(二)中国与中东欧国家绿色产业合作中存在的问题

1. 顶层设计缺乏

2020 年 11 月 16 日,中欧绿色合作高级别论坛以线上视频的方式进行。来自中国、欧盟机构、德国、丹麦等国家的高级官员、相关领域专家和企业高层人士围绕"打造中欧绿色引擎、助力疫后全球经济复苏"的主题,展开云端对话。中国与中东欧国家的绿色合作经历了数年的发展,双方虽然有过多次的对话与商讨,但总体上尚未走完盲人摸象的过程。人们往往对绿色合作的前景估计过高,而又对长远的发展考虑不充分,对适应各国国情的顶层设计的难度把握不准确。因此,应尽快研究提出适合中国与中东欧国家合作的绿色合作顶层设计理论和方法体系。

2. 沟通交流机制与平台不完善

中国与中东欧国家绿色产业合作的信息沟通能力差,资源统筹力度不够,同时部分国家对绿色发展倡议的开放、包容的理念了解不够。许多中资企业尤其是一些中小企业对中东欧国家缺乏了解。另外,2012 年以来,国内各部委、各省区市以及各类企业都积极加入绿色产业的建设之中,但这些建设主体之间都有一个共同的缺点,那就是缺乏一定的统筹规划和对接,甚至部分企业之间存在过度的竞争,影响了绿色产业的建设效率以及绿色发展能力的提升。

绿色发展能力的提升不仅需要中东欧各国转变发展思路,也需要各国间相互协作努力才能实现。中东欧国家绿色发展能力差异较大,对绿色发展能力提升的诉求各不相同,这导致部分国家纵然有共同的绿色发展目标和强烈的合作意愿,但在具体的合作过程中也会推卸自身所承担的责任,如部分国家在减少温室气体和污染物排放问题上,难以选择放弃本国的经济发展空间和居民生活水平来换取承担更多的减排任务。这就需要中东欧各区域之间及区域内各国之间建立一套完善的沟通交流机制,以沟通交流并协调各国间的绿色环保集体行动。

3. 绿色标准不统一

中东欧国家的基础设施发展水平不一,且存在较大的区域差异,主要表现在公路、港口、通信、电力等基础设施领域,包括与绿色产业息息相关的环境基础设施。这不仅产生了较大的投融资需求,而且对于提升当地的绿色可持续发展水平也提出了一定的要求。

各个国家的标准不一,想要形成标准化、流程化的新型环保合作体系,实现与国际标准在环保管理领域的接轨,还需要各国的共同努力。除此以外,中国主要集中在太阳能、风能、水电等可再生能源领域与中东欧国家开展环境基础设施合作,在合作过程中,中国也需要不断规范自身的环保行为,企业主动按照东道主国家的标准和要求进行环评,或者企业委托第三方机构完成海外投资项目的环评。针对污染物排放的标准、生物多样性保护等方面有意识地开展从产品研发到服务的全产业链条的把控,也十分重要。就目前看来,标准不统一是中国与中东欧国家,以及中东欧国与国之间开展绿色产业合作的一大难点,在进一步深化中国与中东欧国家绿色产业合作的道路上,解决该问题迫在眉睫。

(三)中国与中东欧国家绿色产业合作面临的机遇与挑战

全球共同应对气候挑战,绿色、低碳、循环发展是大势所趋、潮流所向。中国与中东欧国家既是历史上的老朋友,又是现实中的新伙伴。在绿色发展方面,中国与中东欧国家也应当携手共进。随着欧盟以及中国响应绿色发展的一系列政策的出台,以及新冠肺炎疫情暴发等因素带来的一系列影响,面临全球各行各业大幅度动荡的外部环境,中国与中东欧国家在克服这些困难的同时,应当抓住这次历史机遇,共同加强在绿色产业领域的合作。

1. 中国与中东欧国家绿色产业合作中面临的机遇

中国与中东欧国家绿色产业合作并不是一成不变的。近年来,绿色发展以及可持续发展成为世界各国的共同选择,各国相应出台多种政策,寻求进一步深化落实绿色发展,兴起绿色产业,这为中国与中东欧国家绿色产业合作创造了新的机遇。

(1) 欧盟"绿色计划"的实施。《欧洲绿色政纲》是欧盟推出的创新增长战略,提出了欧盟到 2050 年成为全球第一个净零碳区域的宏大目标,明确了推进绿色投资和融资、绿色财政等一系列政策,确定了绿色外交和贸易政策的方向。

《欧洲绿色政纲》的推出和实施,在影响欧洲发展的同时,也对中国参与国际贸易、全球气候谈判、全球绿色金融等产生直接或间接的影响。从总体上看,该政策的制定和实施将给中国带来以下机会:第一,为中国参与欧洲的清洁能源和可再生能源的发展带来新的机会。欧洲煤炭等传统能源产业的发展将面临更大的负担,清洁能源将面临新的发展机遇,中国可再生能源在世界领先,太阳能光伏板等多项关键商用技术也十分成熟。中国可以把握时机,协助欧洲清洁能源的开发。第二,为中国参与欧盟绿色投资提供新的途径。第三,为中欧绿色金融合作提供新的机遇,任何一个国家要发展绿色产业都需要巨额资金,绿色金融市场的进一步扩大和金融手段的进一步发展,有利于中国与欧盟合作推进可持续金融体系的建设。

(2)中东欧国家经济转型发展的需要。新冠肺炎疫情暴发以来,中国和中东欧国家合作一直十分紧密,以顽强的姿态克服疫情带来的困难,继续前行,中欧双方也通过各种方式时刻保持沟通,互相援助。中东欧国家将疫情视为实现绿色经济的重要契机,减少对化石能源的依赖,发展氢能、风力能源、太阳能、核能等清洁能源,加强对新能源汽车的支持,加速公平转型。波兰提出2030氢战略;匈牙利启动"绿色公交计划"。中国在光伏发电、风力发电、核能利用、新能源汽车等领域具有比较优势,能够帮助中东欧国家进一步实施绿色计划,中国企业可以紧抓中东欧国家的需求,开拓市场。同时,客观上要不断调整能源结构,快速发展中国的清洁能源,使中国和中东欧国家在绿色经济领域共同学习、借鉴完善、合作共赢。

(3)中国政府"2060年前实现碳中和"的承诺。2020年9月22日,在第七十五届联合国大会一般性辩论上,国家主席习近平提出我国将争取在2060年前实现"碳中和"。目前,部分发达国家已经通过立法和政策的形式提出了"碳中和"目标,如法国、德国、英国、加拿大等。作为四大排放国之一,中国首先提出"碳中和"目标将为其他碳排放国做表率,加速全球减排。在不断走向"碳中和"目标的过程中,我们将与中东欧国家进行交流和对话。另外,在减排领域与中东欧国家展开经济技术合作,实现互惠互利、合作共赢。

在实现"碳中和"目标的过程中,大部分新能源产业、能源储存产业和节能产业都将迎来发展的春天,这会促进一大批人完成就业并深化可持续发展。与此同时,新能源的发展即将提速,各类负排放技术将会大量启用,节能技术、节能设备、新能源车产业链、清洁能源产业链等行业的投资都将有长期收益,其他部分行业也会因此迎来一定的机遇,如植树造林、农林废弃物利用、垃圾资源化利用行业。

(4)绿色"一带一路"建设推进。发展绿色经济是中国和中东欧国家的共同目标,也是双方创新合作的重要组成部分,中国政府承诺"2060年前实现碳中和"与世界有关,今后各方可以充分利用中国与中东欧国家环境合作机制激励地方政府,开展环保示范工程,扩大风能、太阳能等清洁能源共同开发,通过发行绿色金融债券,促进相关机构支持绿色经济合作项目,为中国与中东欧国家合作增加绿色内容。中国与中东欧国家的绿色合作为世界上没有明确提出二氧化碳目标、绿色发展计划的其他国家提供参考。

2. 中国与中东欧国家绿色产业合作中面临的挑战

(1)区域多样性和复杂性。中东欧国家的区域多样性和复杂性主要体现在两个方面。

首先是种族的差异。中东欧国家民族数量较多,各个民族有不同语言。中东欧地区的主要特征之一是种族和语言等的排他性。中东欧各民族都具有很强的民族性和地域性。

其次是经济发展水平的差异。传统观念在保护生态环境和发展经济上存在矛盾,因此处于不同发展阶段的中东欧国家的生态文明建设程度是不同的。中东欧国家在生态文明建设上是"领头羊",是绿色发展的模范,但各国经济处于不同的发展阶段,对深化绿色合作是很大的阻碍。国际上不乏这样的例子。例如,2016年4月,170多个国家签署了控制气候变化的《巴黎协定》,但中东部分石油巨头没有参与协议签订,因此,经济发展阶段对制度化合作建设有很大影响。一些国家仍处于政局不稳定、政策变化的局面,不能融入中国和中东欧国家的绿色合作机制中。中国和中东欧国家的绿色合作建设需要双方共同努力,生态环境作为公共产品,其建设成果将共享给地区各国,国家与国家之间的资源优势、经济发展阶段和利益诉求的差异将给双方的合作带来差异性和实施性,这是深化绿色产业合作的制约因素。

(2)域外大国因素。中国与中东欧国家开展绿色合作以来,得到国际社会广泛关注,不少域外大国存在着多元化的动机,干扰中国展开合作并宣扬消极言论,介入中国与中东欧国家的绿色合作。它们不仅有在现实主义思维中的权力竞争和影响力扩张的意图,也有在全球化理念中的共同安全和合作管理的考虑,其中现实主义的利益动机是主要部分。例如,美国倾向于从地缘政治角度看待环境保护和国家外交战略的内部关系,无法避免同中国在国际权力上开展竞争的战略意图。随着中国不断加强与世界互联互通、开放合作,综合国力不断提高,甚至有西方国家担心中国会通过绿色合作以牺牲他国利益,污染他国环境,达到推动中国国内发展的目的。

多方面的原因导致部分中东欧国家既希望同中国展开绿色合作,搭乘中国发展的"顺风车",增强自身的环保能力,又担心"中国环境威胁论""中国生态倾销论""掠夺性发展"等问题,极度怀疑中国会将高污染、高耗能和过剩产能输入本国,损害本国的环境与经济状况。这些质疑削弱了中国在国际社会中的影响力和软实力的发展,干扰、阻滞了中国与中东欧国家开展绿色产业合作的进程。

3. 中国与中东欧国家绿色产业合作的重点领域

中国与中东欧国家绿色产业合作需要进一步深化,需要把握住机遇,在重点领域完成突破。依据中国现阶段在绿色产业方面的比较优势,结合国家发展改革委等部门联合印发的《绿色产业指导目录(2019年版)》,确立中国与中东欧国家绿色产业合作的重点领域并大力发展十分重要。中国与中东欧国家绿色产业合作的重点领域具体有:绿色基础设施,清洁能源及相关设备制造,新能源汽车,碳排放交易,绿色产业园建设等。

(1)绿色基础设施。随着人们环保意识的加强和生态基础设施的建设要求,一些国外学者将生态环保网络设施划分为新的基础设施——绿色基础设施,这一新理念对土地可持续利用和发展起着重要作用。绿色基础设施建设是重大公共投资,合理的建设可以减少对灰色基础设施的需求,节约国家公共资源投资,降低对自然灾害的敏感度。绿色基础设施等有利于人类健康、野生动物的繁衍和社会稳定发展。

在与中东欧国家合作的实际工作中,绿色发展理念已经与共建"一带一路"相融合,贯彻到绿色基础设施建设等多个领域。积极推进中欧绿色产业技术合作,发展新兴绿色产业有利于推动中国经济的良性发展。通过对话合作,有利于为中国和中东欧国家创造新的绿色结构转换商业机会。清洁、安全、可负担的能源技术创新和可持续的基础设施建设对能源结构转换非常重要,欧盟在智能电网、氢能网络、碳捕获和可持续的电池价值链建设中具有领先的技术和实践,在今后中国和中东欧国家绿色金融继续合作的基础上,绿色数字基础设施相互连接,研究碳跟踪和碳排放计量技术,具有生态价值评估能力,将致力于提高绿色基础设施建设,扩大中欧低碳技术和投资、融资合作,促进中欧低碳结构转型。

(2) 清洁能源及相关设备制造。随着全球人口的快速增长和经济的发展,能源成为人类关注的焦点。由于传统能源的有限性和对环境的负面影响,人类开始探索可再生、环保、低碳能源类型。风力能源、太阳能、生物质能源等可再生能源具有可持续利用和环保的特点,在人类发展过程中成为重要的能源。开发和利用可再生能源符合现代社会发展趋势,大力发展可再生能源已经成为许多国家能源战略的重要组成部分。根据世界核能协会的研究(2011),在发电领域,风力能源、太阳能、生物质能源等可再生能源的全生命周期温室气体排放量明显低于火力发电,排放减少效果明显,这无疑是环保的清洁能源。

中国已经成为世界最大的清洁能源设备生产国,清洁能源设备生产优势明显,能够满足中东欧国家发展清洁能源的需求。

(3) 新能源汽车。2020 年 11 月 2 日,国务院办公厅正式发布《新能源汽车产业发展规划(2021—2035 年)》,明确了未来中国新能源汽车发展的目标和方向。同时,习近平主席宣布,中国将提高国家自主贡献力度,采取更加有力的政策和措施,二氧化碳排放力争于 2030 年前达到峰值,努力争取 2060 年前实现碳中和。欧盟实施绿色新政,各国都坚持绿色、低碳、循环的发展道路。

环境保护和技术,从能源安全的角度来看,世界各地将掀起电动汽车的热潮,电动汽车是未来智能运行的基础,为了满足节能环保的要求,新能源汽车成为未来各种核心智能技术应用的主要载体。中国、美国、欧洲是新能源汽车的主要市场,中国成为新能源汽车的重要角色,中国品牌的新能源汽车产品已经进入巴西、阿根廷、智利、哥伦比亚等拉美国家市场。中国政府和厂商在积极推动电动车的研发与普及。新能源汽车是一个能量巨大的绿色合作潜在领域,中国要抓住时机,进一步与中东欧国家展开合作。

(4) 碳排放交易。碳排放交易是利用市场经济促进环境保护的重要机制,在企业不突破碳排放交易规定的排放量的前提下,可以用这些减少的碳排放量,使用或交易企业内部以及国内外的能源。中国于 2017 年 12 月 19 日启动了国家碳排放交易系统,该系统最初专注于发展领域,随着时间的流逝,逐渐扩展到水泥、钢铁、铝等 7 个行业,中国国家碳交易体系以 2013 年以来在北京等 7 个示范项目的经验为基础。

第一个欧盟与中国碳排放交易体系合作项目于 2014—2017 年实施,以支持试点阶段。中国和中东欧国家在气候变化领域长期保持友好合作,致力于建立良好的绿色低碳发展模式,双方在能源结构转换、碳排放交易体系、科学研究创新、绿色金融等领域具有较强的合作性和互补性,在可再生能源领域建立了长期的战略伙伴关系。这有利于欧洲先进技术和管理经验的共享。欧洲和中国共同应对气候变化,治理气候,促进绿色发展,共同努力发展低碳能源。中国和欧洲应继续共同发挥作用,探索新体制和商业发展模式,以应对气候变化的行动,促进建立应对气候变化的多边机制。

(5) 绿色产业园建设。绿色产业园区的主要产业包括节能、清洁生产和清洁能源、节能减排、循环利用等。

发展具有巨大潜力的绿色产业基地的理由有很多种:由于非再生资源的不足,绿色产业呈现出不可避免的发展趋势;消费者的绿色意识增强,引导产业结构调整;政府为绿色企业提供政策支持和资金倾斜,民间资金对绿色产业投资很感兴趣,这将有利于中国与中东欧国家绿色产业园的合作建设。

第六章
中国与中东欧国家经贸合作模式分析

第一节 中国与中东欧国家经贸合作一般模式

自中国—中东欧国家合作机制建立以来,中国与中东欧国家双方积极响应,形成了形式多样的区域经贸合作模式,其中常见的模式主要有"两国双园""姊妹园""海外仓"并进模式、人文交流助推模式、互联互通引导模式、金融合作驱动模式四种。

一、"两国双园""姊妹园""海外仓"并进模式

"两国双园""姊妹园""海外仓"并进模式是推动企业抱团合作、避免企业"单打独斗"、规避风险的重要方式。该模式能够实现中国与中东欧国家间资源要素的有效互补和流通,改善双方贸易结构,有效降低国际运作成本以及风险成本,在国家经贸合作的过程中发挥着重要的载体作用。

捷克站是浙江省主动谋划、深度参与"一带一路"建设的重点项目,旨在发挥捷克区位和产业优势,建设具有服务中心、贸易中转、物流中枢功能,涵盖物流、商贸、加工制造、综合服务等区块的开放综合体。项目于2018年初在捷克启动,依照"一场多园"模式依次建成货运场、物流园、商贸园(浙江丝路中心)、工业园、综合服务园五大功能区。目前货运场、物流园已投入运营,浙江丝路中心已部分建成投用。捷克站已被评为浙江省级境外经贸合作区和浙江省级海外仓,入选浙江省推进"一带一路"建设成果,列入国家发改委《中捷合作优先推进项目清单》。

宁波均胜电子股份有限公司(以下简称"均胜电子")在中东欧的布局集中在罗马尼亚、匈牙利、波兰、捷克、克罗地亚等国,截至2021年3月,有10家左右海外工厂,生产的新能源电子产品主要供应欧洲客户。在中国—中东欧国家合作的大框架下,以双向投资为新引擎,宁波均胜汽车安全系统有限公司将与捷克供应商Kayaku Safety Systems Europe a. s.达成签约意向,主要采购产品是气体发生器的主要零部件点火管。其在匈牙利米什科尔茨打造全球汽车行业中规模最大、设备自动化程度最高的安全气囊工厂,年产量达2 000万套。

中欧商贸物流合作园区是根据商务部统一部署,由山东省政府承建、山东帝豪国际投资有限公司具体实施,按照"一区多园"的模式,在欧洲地区建设的首个国家级境外经贸合作区和首个国家级商贸物流型境外经贸合作区。截止到2022年2月,中欧商贸物流合作园区已经引入包括商贸、物流行业在内的134家企业入驻并生产运营,分别来自中国和欧洲国家,区

内从业人数约 650 人。截至 2021 年 3 月，中欧商贸物流合作园区物流强度能力达到 129.44 万吨/平方千米·年，每年带动货物进出口贸易额 2.45 亿美元。

中国在中东欧国家部分境外经贸合作园区汇总见表 6-1。

表 6-1 中国在中东欧国家部分境外经贸合作园区汇总

序号	名称	投资企业	产业定位
1	塞尔维亚工业园	中国路桥工程有限责任公司	园区包含工业园区、国际商贸城和高新科技园三部分，是一所集食品加工、轻纺、汽车制造、电信广播等行业为一体的综合型园区
2	中国匈牙利宝思德经贸合作区	万华实业集团有限公司	境外建区企业主导开发的以化工为主导产业、配套轻工和机械加工、节能环保产业等绿色产业的加工制造型合作区
3	中欧商贸物流合作园区	山东帝豪国际投资有限公司	通过举办中国商品展销会、贸易洽谈订货会、中国产品招商代理推介会、建立中国商品常年展示厅等营销活动和为入区企业提供货物进出口、报关商检、物流配送、仓储、金融等"一站式"服务，为中国企业寻找商机和扩大贸易额，形成产业集聚效应和规模经济
4	中国波兰跨境电商产业园	大龙网	以波兰跨境电商产业园为枢纽，将其在莫斯科、捷克、西欧等地布局的海外跨境电商产业园连接起来，为出口欧洲的中国跨境电商企业提供覆盖整个欧洲的本土化网络服务，帮助中国出口企业在海外市场打造自己的品牌，帮助它们升级为全球供应商、全球跨境电商
5	中波人工智能产业园	广东物联天下产业园有限公司	旨在支持波兰年轻人才与中国年轻人的沟通和合作，通过相互学习，利用创意、团队合作，以新的未知方式解决问题，从而带来巨大的价值
6	盈趣科技匈牙利产业园	中国厦门盈趣科技股份有限公司和匈牙利威克集团	高端智能制造产业园区，将专注于国际品牌创新消费电子产品的研发与生产以及为传统制造工厂提供智能制造解决方案
7	中国—罗马尼亚农业科技园	中国农业科学院农业环境与可持续发展研究所和布加勒斯特农业科学与兽医学大学	推动中国成熟农业技术在中东欧国家的转移、转化，提升中东欧国家在设施农业等方面的创新能力与产业化水平，实现双方合作共赢
8	塞尔维亚贝尔麦克商贸物流园区	温州外贸工业品股份有限公司	旨在打造为中国企业深度开拓前南国家市场，进而辐射整个欧洲的公共平台

二、人文交流助推模式

中国与中东欧国家的人文底蕴丰富，开展人文交流合作基础良好、潜力巨大。中国每年有超过1亿人次出境,越来越多的中国和中东欧国家游客希望更深入了解双方悠久的历史、灿烂的文化,领略优美的自然风光和独特的人文景观。

中国与中东欧国家旅游合作高级别会议已分别于2014年、2015年、2017年、2018年、2019年在匈牙利、斯洛文尼亚、波黑、克罗地亚、拉脱维亚召开。中国—中东欧国家旅游协调中心、中国—中东欧国家旅游促进机构和旅游企业联合会、中国驻布达佩斯旅游办事处先后在匈牙利成立。中东欧国家连年应邀参加中国国际旅游交易会;国内多个省区市在中东欧多国举办了形式多样、内容丰富的活动。中国与中东欧国家成功举办了"中国—中东欧国家旅游合作促进年"。未来,中国与中东欧国家将继续利用旅游展会契机,相互组织代表团参展,宣传旅游资源,推动中国企业和中东欧旅游企业对接,共同开发旅游产品,实现客源互送。

索非亚中国文化中心(以下简称"中心")是中国政府在保加利亚开设的官方文化机构,地处保加利亚首都索非亚市中心,环境优美,交通便利,文化氛围浓厚。中心内设展厅、图书馆、多功能剧场和书画、音乐、舞蹈及厨艺培训教室等。中心本着"优质、普及、友好、合作"的宗旨,举办高水平的艺术表演、文化展览、学术研讨、文学译介、文化体验等活动,全方位展示中国文化,促进中保文化交流与合作,增进两国人民间的了解和友谊。

中国与中东欧国家旅游业正在多元化、全方位发展,旅游领域的交流与合作正是促进民心相通的重要渠道,引导和鼓励中国与中东欧国家旅游企业合作,保障客源互送,提升与中东欧国家旅游合作的深度和广度,推动双方旅游业共同繁荣。

三、互联互通引导模式

交通基础设施互联互通不断加强。2012年至今,中国企业在巴尔干国家承建了多个基础设施工程项目,如塞尔维亚"泽蒙—博尔察"大桥、塞尔维亚E763高速公路、黑山南北高速公路项目、黑山铁路修复改造项目、北马其顿米拉蒂诺维奇—斯蒂普高速公路项目和基切沃—奥赫里德高速公路项目。塞尔维亚、匈牙利和中国于2015年11月达成了共建匈塞铁路协议。在国家发展改革委的积极协调推动下,2020年4月24日,中国进出口银行与匈牙利财政部签署匈塞铁路匈牙利段贷款协议,标志着匈牙利段即将进入实施阶段,匈塞铁路项目取得新的重要进展。

2020年,中欧班列累计开行1.24万列、运送113.5万标箱,分别同比增长50%、56%,综合重箱率达98.4%,年度开行数量首次突破1万列,单月开行均稳定在1000列以上。国内累计开行超过百列的城市增至29个,通达欧洲的城市90多个,涉及20余个国家,开行范围持续扩大;开行质量不断提高,综合重箱率同比增长4%,其中回程重箱率提升显著,同比增长9%。

2020年,中欧班列有力服务国际防疫合作,累计发送国际合作防疫物资931万件、7.6万吨,到达意大利、德国、西班牙、俄罗斯、匈牙利、荷兰、比利时等国家,并辐射周边国家,对中欧的贸易往来起到了极大的促进作用。中欧班列成为中国与中东欧国家的重要纽带,不仅将中国的商品带到欧洲以及其他国家,也将欧洲产品带进中国市场,为平衡双边贸易发挥作用,也是促进当地发展的动力和契机。

四、金融合作驱动模式

中国与中东欧国家金融合作是推进"中国与中东欧国家合作"的资金支持和保障,在投融资领域形成了以政府主导、国有金融机构深度参与为合作方式以及传统投融资渠道为主的特征,是中国通过推动资金融通开展次区域合作的实践。

建立境外金融机构。截至 2020 年末,已经有中国银行、中国工商银行、中国建设银行等中资银行开设了 8 家全牌照分行,基本覆盖中东欧各个地区。在业务层面上,中资银行与开发性金融形成互补,创新地为"走出去"企业和沿线国家提供产品与服务。以中国建设银行为例,其统筹运用出口信贷、国际银团、金融租赁等传统服务,同时推出"三建客"(建票通、建单通、建信通)产品,使用传统与创新相结合的金融产品为相关企业及项目提供全方位的金融支持和融资便利。

中资银行在中东欧设立机构情况见表 6-2。

表 6-2 中资银行在中东欧设立机构情况

银行名称	当地机构	设立时间
中国银行	中国银行(匈牙利)有限公司	2003 年 2 月
	中国银行(卢森堡)有限公司波兰分行	2012 年 6 月
	中国银行匈牙利分行	2014 年 12 月
	中国银行(匈牙利)布达佩斯分行	2015 年 8 月
	中国银行(塞尔维亚)有限公司	2017 年 1 月
中国工商银行	中国工商银行华沙分行	2012 年 11 月
	中国工商银行布拉格分行	2017 年 9 月
中国建设银行	中国建设银行华沙分行	2017 年 5 月

拓宽中国与中东欧国家融资渠道:①设立中国—中东欧专项贷款,为合作提供信贷支持,专项贷款总额为 100 亿美元。自专项贷款推出以来,作为买方的中东欧各国政府已经陆续开始了优惠贷款的申请,并启动了项目的具体建设工作。②设立中国—中东欧投资合作基金。2013 年,中东欧基金管理公司在卢森堡注册,负责投资合作基金的运营管理、项目投资与日常管理。目前中东欧基金管理公司分别在波兰华沙和捷克布拉格设立代表处。作为离岸股权投资基金,投资合作基金使用有限合伙制形式,中国进出口银行和匈牙利进出口银行等多个国内外投资机构是其合伙人。在运作模式方面,中国—中东欧投资合作基金坚持以市场化和商业化的方式开展投融资活动。同时,投资合作基金还肩负政策性金融机构的责任,服务于中国—中东欧合作的外交政策和经贸战略。③成立中国—中东欧金融控股有限公司。中国—中东欧金融控股有限公司作为发起方,将牵头设立中国—中东欧基金等市场化基金。这一基金的规模将达 100 亿欧元,计划撬动项目信贷资金 500 亿欧元,目标市场定位中东欧国家,并适当延伸至欧洲及符合中国—中东欧国家利益的其他地区,重点关注基础设施建设、高新技术制造、大众消费等行业的投资合作机会。不同于亚洲基础设施投资银行(亚投行)、丝路基金等由政府主导的资金平台,中国—中东欧金融控股有限公司走的是"政府支持、商业运作、市场导向"路线,中国—中东欧基金也被视作中国首个非主权类海外投资基金。④成立中国—中东欧银联体。中国—中东欧银联体由中国国家开发银行牵头发

起设立,是中国—中东欧国家合作框架下的多边金融合作平台,其由中国和中东欧各国的政策性、开发性金融机构或国有商业银行组成。国开行提供的20亿等值欧元开发性金融合作贷款旨在通过中国—中东欧银联体成员行间多双边金融合作,以市场化方式将资金引导至各成员行国家经济社会发展的薄弱环节和瓶颈领域,促进各国实体经济发展,增进各国人民福祉。

推动中东欧地区人民币国际化进程,开展货币互换。中国已经与匈牙利、阿尔巴尼亚、塞尔维亚3个中东欧国家签署货币互换协议,并在协议到期后与匈牙利续签,总互换规模达到230亿元人民币。建立人民币清算机构,2015年6月,中国人民银行与匈牙利央行签署在匈牙利建立人民币清算安排的合作备忘录,中国人民银行授权中国银行担任匈牙利人民币清算行。匈牙利人民币清算行的客户包括中东欧地区银行巨头、欧洲最大银行之一的裕信银行。加强债券市场合作,2015年,匈牙利成为人民币合格境外机构投资者(RQFII)试点,投资额度为500亿元人民币。2016年,全球第三只、中东欧地区第一只人民币主权债券发行,总金额为10亿元。该主权债券是匈牙利国家债务管理中心委托中国银行匈牙利分行在香港市场发行的三年期人民币点心债。

第二节 中国与中东欧国家地方经贸合作模式

地方合作是中国—中东欧国家合作的特色亮点。中国—中东欧国家的地方经贸合作模式不仅弥补了中国与中东欧国家市场不对等的现状,也激发了地方政府参与中国与中东欧国家合作的自主性和积极性。在中国与中东欧国家经贸合作模式的原有基础上,地方政府结合实际情况探索出以下几种地方经贸合作模式。

一、以优势产能实现精准合作的河北模式

(一) 境外直接投资

境外新建企业和跨国并购是河北优势产能投资中东欧国家的主要方式,企业"走出去"倒逼技术、质量和服务水平提升。

2016年4月18日,河钢集团有限公司在塞尔维亚正式签署文件,收购斯梅代雷沃钢厂。2016年底,连续亏损7年的斯梅代雷沃钢厂(河钢塞尔维亚公司)基本实现盈利,产值达到8亿美元,利润达到2000万美元。此次并购使塞尔维亚GDP整体提升1%以上。2017年,河钢塞尔维亚公司全年生产经营创近年历史最好水平。河钢集团有限公司收购塞尔维亚斯梅代雷沃钢厂,成为中国与中东欧国家国际产能合作和"一带一路"建设的样板工程。并购后两国高层互动连连,对促进两国积极外交发挥了重要作用。河钢集团有限公司以行践诺,树立了中国企业的良好形象,成为国际产能合作的模板,打造出中国与中东欧国家务实合作的一张"金色名片"。

(二) 建设中小企业合作园区

河北省面向中东欧国家的招商引资主要依托于中捷产业园区与中国—中东欧(沧州)中小企业合作区的建设。2013—2017年,中捷产业园区已连续成功举办五届中国捷克斯洛伐

克友谊农场对外合作推介会暨驻华大使交往年会。每届年会都吸引包括中东欧国家在内的 40 余个国家、地区和国际组织的驻华使节,5 年来在通用航空、现代农业、合作办学等多领域签署合作项目,总投资超过 500 亿元人民币。2018 年 2 月,沧州市借助中捷友谊农场独特的外事资源,设立国家级中国—中东欧(沧州)中小企业合作区,成为全国唯一一家面向中东欧国家的中小企业合作区。截止到 2019 年 11 月,该合作区已经召开两届中国—中东欧中小企业合作论坛和两次中国—中东欧中小企业线上信息交流会,并在教育、文化、贸易等多领域与中东欧地区形成了广泛合作,其中中国—中东欧中小企业合作论坛成为中国—中东欧国家合作框架下重要外事活动之一。

二、以绿地投资为重点的山东模式

2019 年,山东玲珑轮胎股份有限公司投资 9.9 亿美元在塞尔维亚建设工厂。这是中国轮胎首个欧洲工厂,也是目前塞尔维亚最大的中资项目、迄今最大的绿地投资项目。项目位于塞尔维亚兹雷尼亚宁市自贸区,划用地面积 130 公顷(1 公顷=0.01 平方千米),总建筑面积 39 万平方米,建成后各类高性能子午线轮胎年产可达 1 362 万条,实现年销售收入 6 亿美元。项目建设完成,将为当地增加超过 1 200 个工作岗位,带动当地就业,同时能够有效促进当地建筑业及轮胎上下游产业的发展,拉动当地经济发展。

山东玲珑轮胎股份有限公司在对塞尔维亚的绿地投资中拥有最先进技术和轮胎行业的垄断性资源。采取绿地投资策略可以使企业在跨国投资的过程中最大限度地保持垄断优势,充分占领目标市场。塞尔维亚属于经济欠发达、工业化程度较低的中东欧国家。在塞尔维亚投资建厂能提升东道国产能和增加就业岗位,为塞尔维亚带来新的经济增长点。绿地投资模式只是一种产业转移过程,企业顺应区域比较优势,将产业的一部分转移到其他国家。

绿地投资模式有以下两种形式。

(1)优势利用型绿地投资。国有企业在国际化经验丰富的条件下,选择绿地投资模式进入海外市场,一方面充分利用经验和规模等资源的优势,另一方面规避国企身份在东道国面临的合法性挑战。这一模式的核心变量属于企业层面因素,即企业的资源利用动机和制度约束规避动机,共同引发了绿地模式的战略决策,体现了企业资源因素和国家制度因素之间的协同效应。

(2)制度规避型。在东道国制度质量较差且与本国的文化距离较远的情况下,企业选择绿地模式进入海外市场。制度水平较差、文化距离较远的东道国存在着信息不对称、产权保护差等缺陷,企业面临着核心优势转移困难和后续整合管理复杂等问题,使得企业在进入和经营阶段面临"难上加难"的局面,所以企业转向绿地投资模式以规避较高的交易成本和投资风险。但是,绿地投资方式需要大量的筹建工作,因而建设周期长、速度慢、缺乏灵活性,对跨国公司的资金实力、经营经验等有较高要求,不利于跨国企业的快速发展。绿地投资过程中,跨国企业完全承担其风险,不确定性较大。

三、聚焦物流通道建设的重庆、四川和陕西模式

此模式围绕中东欧班列的有效运行,开展和推进中国与中东欧国家经贸合作。

（一）重庆模式

在中国—中东欧国家地方领导人会议上，重庆市向中东欧国家推介渝新欧国际铁路联运大通道（以下简称"渝新欧"），提出5项相关建议促进合作。渝新欧东起重庆，从新疆阿拉山口进入哈萨克斯坦，经俄罗斯、白俄罗斯、波兰，到达德国杜伊斯堡，通过发挥"通道带物流、物流带经贸、经贸带产业"的促进作用，开创了亚欧国际合作新格局。渝新欧班列开行10多年来，大胆进行体制机制创新，先后实现沿线"五国六方"铁路联席会议制度、跨国海关国际协调机制、量价挂钩机制、中欧"安智贸"试点、多国海关建立便捷通关等多项制度创新，不仅首次统一了亚欧两大铁路组织的运单，还实现了沿线国家一次报关、一次查验、全程放行的中欧班列绿色通关方式。

近年来，重庆大力建设中欧班列（渝新欧）。2020年，中欧班列（渝新欧）新增帕尔杜比采（捷克）、奥布尔尼采（捷克）、布达佩斯（匈牙利）、斯瓦夫库夫（波兰）等直达线路，并增开了匈牙利布达佩斯、捷克环线，进一步深入南欧、中东欧腹地，增强了中欧班列（渝新欧）的集散辐射能力。2020年，班列共计运送邮包超800标箱，输运国际邮包和抗疫物资超过2 000万件。截至2021年3月14日，中欧班列（渝新欧）累计开行近7 600列，运输货值年年稳居中欧班列全国第一，将重庆与欧洲各国的友好交往和贸易往来不断深入。与此同时，中欧班列（渝新欧）也是唯一拥有沙坪坝团结村站和两江新区果园港鱼嘴站两个发运站点的中欧班列。2021年元旦，重庆和成都两地联手打造辐射领域覆盖欧洲全域的全国中欧班列第一品牌，一同始发中欧班列（成渝号），翻开了中欧班列高质量发展的新篇章。

完善中欧班列有关基础设施。中东欧国家与其他更发达的地区相比存在差距，中东欧地区多数国家基础设施建设滞后于发展的需要，如塞尔维亚到2021年底实现电气化的铁路里程只有1 000多千米，超过一半的火车时速低于60千米。

深化中欧班列等物流通道建设。依托"西部陆海新通道"和中欧班列（重庆）国际铁路大通道，加强重庆与中东欧国家在铁路、航空等方面的合作，积极推动"重庆—中东欧"物流基础设施建设，鼓励重庆物流企业在中东欧国家设立分拨网点，吸引中东欧国家工业品和特色农产品运输到重庆，并以重庆为国际物流集散中心，拓展中国中西部市场。吸引中东欧国家充分利用重庆开放平台，在重庆设立商品展示交易中心，深化双方经贸合作，拓展双方合作区域。

（二）四川模式

从全国来看，截至2020年底，国内有60多座城市开行中欧班列，但无论是从过去数年的累计开行数量或开行质量来看，成都均表现突出，在运营时效、成本优化方面更是表现尤为抢眼。同时随着影响力与覆盖广度的提升，"蓉欧快铁"正逐渐由点到线、由线织网，从单一的铁路线向综合性的"蓉欧枢纽"迈进。

青白江海关"提速降费"的实施优化了班列开行环境。海关方面尽量减少人工复核程序，实现了出口报关单系统自动放行，从而做到对通过时效的优化，大大缩短了通关时间。截止到2020年底，成都国际班列境外城市已拓展至61个，累计开行超过8 000列。

中欧班列（成都）共连接3个中东欧国家（波兰、匈牙利、捷克）。2020年，中欧班列从中东欧国家至成都的东向回程班列共计开行2 000列。

成都国际铁路港将助推四川在国际通道拓展、枢纽功能完善、运行机制创新、跨境贸易聚集、临港产业承接、对外开放合作等方面进行积极探索,并向着"蓉欧枢纽"方向快速迈进。

构建起了更加多元化的平台载体。成都铁路口岸海关监管区需扩容改造,需相关部门就成都铁路口岸海关监管区的扩容给予支持。为开放型经济发展营造出良好的国际化营商环境,需尽快实现车站、口岸、保税物流中心B型堆场的连通和一体化运营,满足客户的班列发运需求,做到铁路口岸7×24小时工作制与海关作业的合理有效衔接,优化通关服务保障。

(三)陕西模式

在互联互通方面,中欧班列"长安号"是陕西省对中东欧国家开放的"亮点"之举。中欧班列的开通连接了亚欧大陆,辐射和串联中国西部、欧洲及俄罗斯的经贸往来。在国际区域合作中,由中欧班列开行带来的双方商业往来推动了双边地方合作的升级。中欧班列"长安号"2020年全年开行量达到3 720列,涵盖波兰马拉舍维奇及华沙、匈牙利布达佩斯等中东欧国家的4个主要城市。班列开行量、重箱率、货运量等核心指标稳居全国第一,全年中欧班列质量评价指标全国第一,成为全国中欧班列高质量发展的典范。班列高效直达,采取定线路、定站点、定车次、定时间、定价格的"五定"模式,全程整列运行、中途不解体。此外,快速优价,其运输时间是传统铁海联运时间的1/3,运价是空运费用的1/4。定期发班模式,采取了每周固定时间开行,冬季不停运。班列的快速通关,实现了全程EDI(电子数据交换)电子报关,采取"一次申报、一次查验、一次放行"的快速通关模式。其运营安全可靠,班列运行全程GPS(全球定位系统)跟踪,特制集装箱加置了电子安全锁。班列采取了社会公共物流平台营运模式,面向社会组织货源,受理整箱拼箱业务。在多种优势条件下,陕西与中东欧国家之间的班列运营逐步成为联动亚欧各板块经贸的国际物流枢纽,实现了交通贸易的互联互通,也促进了陕西加入对全球影响更为深远的亚欧经济新版图之中。

西安港是截至2021年4月我国唯一获得国际、国内双代码的内陆港口,进入全球航运体系,先后获批一类铁路口岸、二类公路口岸、进境粮食指定口岸、进口肉类指定口岸及整车进口口岸。但不容忽视的是,我国地方政府的对外合作在区位上采取了从沿海到内地层层推进的倾斜式而非平衡式步骤,这一系列政策成为地方、产业和部门不平衡的重要外在因素。开放的倾斜性使沿海地区享受比中西部地区更优惠的外贸、投资、税收和劳动力流动等政策,拥有区位和政策优势的地方,其内部市场与国际市场呈现更为密切的全球联系,也最先分享到国际化带来的巨大收益。同时,近年来,我国与中东欧国家地方实体经济的合作形式趋于多样化,中资企业项目纷纷在中东欧国家落地,商品在双方的市场占有率有了明显提高,但与此同时,地方合作的机制偏于编制,疏于落实,签署文件备忘录多,成果项目落地少。将地方合作与单纯的经济合作画等号,中国与中东欧国家之间的贸易和投资机会并不均等,双向互动依然较弱,面对中东欧国家复杂投资环境,中方企业存在观望心态。

形成差异化发展格局。立足于中欧班列"长安号"的运行特点,找准市场定位和目标客户。例如,中欧班列的运行特点是"稳定、快速、直达",但运价相对较高,就要扬长避短:首先,寻求与那些需要稳定组织生产和快速将产品运抵欧洲的企业建立合作关系,把运行优势转化成市场占有率和竞争力。其次,立足于本地产业优势,打造专业性物流中心,完善西安枢纽物流设施建设。围绕西安综合物流枢纽,加快打造具有多式联运功能的大型综合物流基地,完善冷链物流基地及城市配送中心布局,加强西安港与沿海港口、机场、公路货运站以及产业园区的统筹布局和联动发展,形成水铁公国际多式联运体系,实现无缝高效衔接。

提升货源组织能力。一方面,要妥善处理区域竞合关系,主动争取和支持中国国家铁路集团有限公司对中欧班列线的整体规划及营运协调,积极推动建立国家部委协调机制,统一对外谈判和协调,提升贸易便利化水平和班列运行质量,强化货源支撑。另一方面,加强与国内外铁路运输部门、大型物流企业、港口企业和货代公司的合作,引入优质战略投资者,利用它们的资源扩大中欧班列在欧洲、中亚的知名度和影响力,加快在重点区域设立办事机构,提高返程货源组织能力。此外,还需出台相关支持政策,鼓励国内企业到中欧班列沿线国家建设国际合作园区,形成产业发展与物流贸易互相促进的良性循环,提升货源保障水平。

经营主体市场化运营。根据产业招引方向、市场供求关系以及货物运输数量、运输价值和运输距离等,采用相对灵活的运价确定方式,充分利用价格杠杆来提升符合内陆城市产业发展规划的企业的吸引力,加快形成产业集聚效应。加快铁路港周边商业开发,设立欧洲商品体验中心等跨境商品营销展示平台,积极发展供应链金融服务、跨境电商、国际贸易保险等新兴服务产业,打造高附加值产品的生产和转运中心,提升运营主体盈利水平。创新铁路港运营管理模式,加快建立政府补贴退出机制。以西安为例,就需要尽快按上市公司的要求设立和运作西安国际陆港投资发展集团有限公司,统筹物流服务、基建建设、班列运营、跨境贸易和供应链金融等业务,提高经营主体的盈利水平,逐渐形成政府退出机制。

完善战略实施体系。内陆地区要充分认识中欧班列运行线对于促进自身发展的战略意义,把"中国—中东欧"战略上升为省级层面融入"一带一路"建设的重要路径,统筹考虑该战略实施的溢出效应和虹吸效应,营造良好合作环境,形成国、省、市、县四级齐心协力、共同推进的局面。要深化班列开行城市与本省其他市县产业、物流的协调和合作,支持周边市县主动承接班列开行城市的产业溢出,提升产业规模效应。例如,中东欧国家大多具有较好的农业发展基础及合作需求,借助陕西自贸区及杨凌自贸片区建立的国际联合实验室、农业研究中心等,开展同中东欧国家在内的援外培训以及各类农业培训班,组建农业技术交流培训基地智库。此外,西安还需加强与陕北(榆林)、陕南(安康)等省内主要港口的铁路、公路、水路联运基础设施建设,强化多式联运承转衔接,把陕西乃至整个西北地区作为西安物流业、制造业的广阔腹地,形成整体竞争优势。

第三节 典型模式剖析——宁波中国—中东欧国家经贸合作示范区的建设模式

宁波市是中国与中东欧国家对外合作的重要窗口,同时也是在对外经贸合作中居领先地位的城市,但宁波在同中东欧国家发展经贸合作关系时面临着较多的不确定性与风险,所以对于宁波参与中国与中东欧国家合作的模式进行剖析很有必要。宁波在参与中国与中东欧国家合作过程中,逐渐形成了政府推动、市场导向、企业主导、各方广泛参与的宁波模式。

一、政府推动

政府推动,主要体现在政府统筹参与中国与中东欧国家合作,为参与中国与中东欧国家合作的企业搭建平台,消除浙江与中东欧国家要素和产品流动的障碍。2018年4月,宁波市政府印发《"16+1"经贸合作示范区建设实施方案》,这是宁波推进中国与中东欧国家经贸合作示范区建设的纲领性文件,宁波以此纲要为基础,推进与中东欧国家合作,搭建合作平台,推动产业园区建设,筑巢引风,为中东欧国家企业入驻提供税收、土地政策优惠,吸引中东欧国家优质项目。高水平、高标准举办中东欧博览会,作为中国与中东欧国家合作框架下唯一博览会平台,中东欧博览会为企业搭建交流合作平台。宁波消除浙江与中东欧国家要素和产品流动的障碍。浙江积极推动"一带一路"捷克站建设,推动宁波舟山港与中东欧4港合作,以宁波舟山港、义乌陆港、甬金高速、金甬舟铁路为支撑,形成内畅外联、陆海联动、便捷高效的大交通体系。出台《宁波市中东欧经贸合作补助资金管理办法》,调动企业与中东欧国家贸易积极性,鼓励双向投资。2017年3月6日,中国国家质量监督检验检疫总局和宁波市政府在北京签署了《关于共建"中国—中东欧国家贸易便利化国检试验区"合作备忘录》。

宁波海关关于中国与中东欧国家合作专项贸易便利化措施见表6-3。

表6-3 宁波海关关于中国与中东欧国家合作专项贸易便利化措施一览表(3批22条)

序号	便利化措施	主 要 内 容
首批八项贸易便利化措施(2017年9月发布)		
1	食品农产品消费品快速验放	支持宁波口岸优化进口货物结构,优化进口查验机制,实施"合格假定、重点抽查、快速验放、事后追溯"监管模式。复制推广原产地自主签证措施,推行"即报即签"工作机制。融合线上线下,实现检验检疫政策和业务流程透明化,办理事项"应上尽上、全程在线"
2	原产地证快速审签	
3	检验检疫政策和流程信息快速查询	
4	扩展市场采购业务范围	复制市场采购"宁波模式"至国检试验区五大区块,允许国外没有注册登记要求的出口食品农产品通过市场采购方式出口。推进全流程无纸化,覆盖所有进出口商品。从资质和商品范围双向发力,实现跨境电子商务进口业务资质和商品范围双扩展
5	扩展无纸化业务范围	
6	扩展跨境电商业务范围	
7	将国际展会监管政策延伸到常年展会	在宁波国际会展中心设立现场监管点,允许从中东欧国家进口商品直通会展中心常年馆
8	将口岸功能延伸到内地	
第二批六项贸易便利化措施(2018年6月发布)		
9	加快中东欧国家食品农产品准入进程	全面了解梳理中东欧国家食品农产品输华需求,组织专家加快风险分析,推动准入协商谈判,优先办理境外生产企业注册考核,扩大中东欧国家输华食品农产品种类,把宁波打造成中东欧商品进口首选之地

续表

序号	便利化措施	主 要 内 容
第二批六项贸易便利化措施（2018年6月发布）		
10	开辟中东欧国家商品进口查验绿色通道	指导企业提前办理检疫审批、加工企业审核、样品检测等前置事项，对来自中东欧国家商品的申报、查验实施"零等待"，提升中东欧国家商品进口通关速度
11	简化跨境电商进口商品防伪追溯方式	统一溯源数据标准，对跨境电商进口食品、保健品、母婴用品等重点敏感商品实施"一物一码"贴码溯源管理，对其他商品由电商企业自主选择溯源方式，溯源数据互通共享，进一步降低电商企业溯源成本
12	优化进口冷链商品查检流程	对进口冷链商品，从港区直通至具备监管查验条件的冷库专用场地，实施"一站式"和"一次性"查检作业，确保冷链商品质量，降低物流成本，支持宁波打造华东地区进口冷链产品交易中心
13	前置进口商品标签审验程序	对宁波口岸进口预包装食品、化妆品、危险化学品等需要现场查验标签的商品，实施标签预审核制度。经预审合格的，进口时不再单独实施标签查验，仅在报检批被抽中查验抽样时，对标签进行符合性核查
14	互认多港分卸进口大宗商品检验鉴定结果	充分挖掘宁波舟山港中转枢纽港地位优势，对多港分卸的进口粮食、矿砂、油品等大宗资源类商品，下一港直接认可前一港检验鉴定结果，作为本港前尺数据。实现多港卸货检验鉴定数据共享，降本提效
第三批八项贸易便利化措施（2019年6月发布）		
15	加快中东欧博览会入境展览品通关	明确3大类检验检疫禁止和12大类检验检疫限制目录清单。为方便博览会展品入境参展，宁波海关设置展览品通关专用通道，指定专人专岗，负责办理中东欧博览会参展展品的备案、报关手续。宁波海关优化展览品申报流程，简化通关查验程序，在参展商提供关于展览品品质合格证明文件前提下，允许预包装食品、化妆品等展览品用于品尝、试用、散发的合理消耗
16	进口商品快速查验	通过对海关和原检验检疫进口商品监管业务流程的梳理优化，不断提升作业效能，严密口岸整体监管，营造稳定、公平、透明的外贸营商环境：一是明确现场统一作业规范和要求；二是科学优化相关业务流程；三是科学统筹调配现有监管设备，强化在"查检合一"作业中的综合运用，实现"1+1>2"的良好效果
17	加快进口商品检测	一是优化鲜活产品检验检疫流程，对水生动物实施即检即放措施，实施进口水果快速检疫合格放行。二是简化冰鲜产品检疫审批程序，宁波海关对检疫审批实施无纸化办理，实现进口商办理检疫审批"一次都不跑"；同时，缩短检疫审批流程时限，将海关总署要求的10个工作日缩短到7个工作日。三是实施矿产品"先验放后检测"监管模式，平均通关时长从19个工作日压缩到2个工作日，在具备条件推广后，矿产品通关效率大幅提升

续表

序号	便利化措施	主 要 内 容
第三批八项贸易便利化措施(2019年6月发布)		
18	优化对外注册和检疫准入	一是扩大出口。出口企业国外卫生注册是我国商品进入国际市场的敲门砖,特定种类产品未获得出口企业国外卫生注册将无法进入国外市场。宁波海关全力做好出口食品企业对外注册工作,支持更多企业获得国外卫生注册,实现扩大出口。二是食品进口。奥地利、匈牙利等10个中东欧国家食品安全管理体系及准入研究工作授权由宁波海关承担。加速中东欧及相关国家食品准入进程,扩大中国—中东欧及相关国家进出口食品贸易规模。三是动植物产品进口,宁波海关已经支持"立陶宛青贮饲料"实现输华检疫准入,推进扩大中东欧产品准入范围
19	优化风险布控和检疫处理机制	如在风险评估的基础上降低宁波口岸进口棉花抽查验比例,抽批比例和批次抽箱比例最低至20%。优化进口散装原木熏蒸处理流程,进口企业在入境前向有资质单位提出申请、实施熏蒸除害处理并提供处理结果报告,进一步缩短货物通关时间。此外,改进熏蒸处理技术指标,推动硫酰氟熏蒸应用推广,进一步提高除害处理效率
20	推广重点项目和企业帮扶机制	对接中国—中东欧国家经贸合作示范区引进的重点项目、重点企业,将其纳入海关重点帮扶名单,建立企业"一企一档",配备企业协调员开展"一对一"帮扶,针对性开展政策宣传和业务培训,鼓励和支持企业做大做强
21	推广"四自一简"监管模式	由企业主备案,企业办理电子账册备案手续更加简化,无须多次往返海关办理纸质单证递交手续,备案业务的办理时间由原来的2~3天变为线上即时一次办结;自定核销周期,让企业生产管理更加灵活,契合了企业生产计划,企业核销盘点工作效率明显提升,每家企业平均每年减少因核销盘点停产时间1~2天;自主核报、自主补缴税款,则便于企业更好地自律管理、自主经营,为企业提供了主动纠错、主动整改的机会,营造良好、和谐的关企关系。简化特殊监管区域企业业务核准手续,对区内企业开展分送集报、外发加工等业务,一次性赋予企业相关业务资质,则便利企业办理海关相关业务,提高企业运营效率
22	推广税款担保改革	帮扶中东欧企业开通关税保证保险、汇总征税等便利措施,加快担保审批速度,缓解企业资金压力,缩短进口通关时间。通过推广税款担保改革,汇总征税、关税保证保险试点等税收系列便利措施,有效降低外贸企业获得担保的准入资格和融资成本,减轻企业通关担保的资金压力和担保成本

中东欧特色商品常年馆见表6-4。

表 6-4 中东欧特色商品常年馆

序号	馆名	运营单位	设立时间	主营产品
1	克罗地亚馆	宁波保税区金葡淘贸易有限公司	2011年3月	克罗地亚葡萄酒、特色产品等
2	波兰国家商品馆	宁波帝加唯达商贸有限公司	2015年6月	波兰休闲零食、牛奶、麦片、果味奶、巧克力、琥珀宝石等
3	斯洛伐克商品馆	宁波保税区鼎荟国际贸易有限公司	2015年6月	斯洛伐克啤酒、功能饮料、婴儿水等
4	捷克商品馆	宁波保税区新捷晶进出口有限公司	2015年6月	捷克波西米亚风格水晶制品和日用品等
5	保加利亚国家馆	宁波喜淘物联科技有限公司	2015年6月	保加利亚玫瑰系列产品、保加利亚乳酸菌及其他健康天然食品、日用品等
6	罗马尼亚商品馆	宁波帝加唯达商贸有限公司	2016年6月	罗马尼亚葡萄酒、日用品等
7	塞尔维亚国家馆	浙江善顺泰进出口有限公司	2016年6月	塞尔维亚特色葡萄酒、鸡尾酒、食品等
8	波黑国家馆	宁波保税区鸿兴波马斯进出口有限公司	2016年6月	波黑冰红茶、啤酒、葡萄酒等
9	斯洛文尼亚国家馆	宁波保税区鸿兴波马斯进出口有限公司	2016年6月	斯洛文尼亚特色酒水、休闲食品、手工皂等
10	北马其顿国家馆	宁波保税区鸿兴波马斯进出口有限公司	2016年6月	北马其顿松露果酱、松露橄榄油、天然饮用水、曲奇饼干、黑巧克力等
11	匈牙利国家馆	宁波玛珈璐进出口贸易有限公司	2016年6月	国宝级贵腐酒、公牛血、乌尼古十字酒,以及各类原生态蜂蜜巢蜜、休闲食品等
12	波罗的海综合馆	宁波丽人轩进出口有限公司	2016年6月	波罗的海沿线国家的特色工艺品,特别是蜜蜡、琥珀等
13	罗马尼亚国家馆	宁波保税区罗欧国际贸易有限公司	2016年6月	罗马尼亚葡萄酒、黄金水等
14	拉脱维亚国家馆	宁波保税区义彩贸易有限公司	2016年6月	拉脱维亚的农副产品、休闲食品,包含鱼罐头、巧克力、水果干、啤酒、奶制品等
15	黑山国家馆	宁波保税区宁化国际贸易有限公司	2017年6月	黑山的特色葡萄酒、矿泉水等
16	中欧商品文化体验馆	宁波卡特维拉国际贸易有限公司	2017年6月	匈牙利、捷克的葡萄酒,斯洛伐克的酒饮料
17	捷克国家馆	宁波保税区亚昇祥国际贸易有限公司	2018年6月	捷克啤酒、蜂蜜蛋糕、水晶等
18	塞尔维亚国家馆	宁波祥森科技有限公司	2018年6月	主营特斯拉活力泉,同时也是一个集文化、经贸、商务、旅游为一体的展馆
19	阿尔巴尼亚馆	宁波仁叠贸易有限公司	2018年6月	阿尔巴尼亚橄榄油、蜂蜜、纯天然碱性矿泉水、优质的啤酒、有特色的各种水果奶油酒、保健酒等各种特色产品

续表

序号	馆　　名	运营单位	设立时间	主营产品
20	立陶宛国家馆	宁波立旗实业有限公司	2018年10月	立陶宛香水、香氛、香烛、香皂、饮用水、休闲食品、伏特加、白兰地等
21	匈牙利商品馆	宁波欧亚利进出口有限公司	2018年10月	匈牙利特色葡萄酒、配制酒等
22	罗马尼亚国家馆	宁波煜盛国际贸易有限公司	2019年4月	罗马尼亚葡萄酒、水、护肤品、休闲食品、文化交流等
23	"一带一路"中东欧文化交流中心	浙江蒂克网络科技有限公司	2019年5月	中东欧珠宝、藏品、工艺品、文化交流等
24	波兰商品馆	宁波柯维贸易有限公司	2019年5月	波兰糖果饮料、健康食品、消防头盔靴子手套等
25	爱沙尼亚国家馆	宁波迈高国际贸易有限公司	2019年6月	爱沙尼亚蜂蜜
26	希腊商品馆	鄢泽国际贸易（宁波）有限公司	2019年8月	希腊葡萄酒
27	保加利亚商品馆	泓然信（宁波）实业有限公司	2019年9月	保加利亚玫瑰系列化妆品

二、市场导向

近年来，双边贸易额显著增长。据宁波海关统计，宁波与中东欧国家贸易额由2014年的163.3亿元人民币增至2020年的295.2亿元人民币，占全国比重由4%提至4.12%。2021年1—4月，宁波对中东欧国家的进出口额为119.6亿元人民币，同比增长48.8%。其中，进口26.9亿元人民币，增幅达241.2%。中东欧国家出口产品最主要为机电产品、贱金属及制品、光学医疗设备等，从中国进口产品主要涉及机电产品、纺织品及原料、贱金属及制品等。此外，宁波成为全国最大的中东欧商品集散中心，宁波跨境电商平台"跨境购""淘宝""天猫"等第三方电商平台也搭建起中东欧网上商城，多方帮助中东欧商品拓展中国市场。

2014—2020年宁波舟山港与中东欧五港集装箱吞吐量见表6-5。

表6-5　2014—2020年宁波舟山港与中东欧五港集装箱吞吐量

年　份	集装箱吞吐量/万标箱	同比/%
2014	23.7	−2.6
2015	27.9	17.6
2016	42.3	51.7
2017	51.7	22.0
2018	60.0	16.0
2019	65.3	8.9
2020	59.5	−8.8

注：2020年与中东欧五港集装箱吞吐量占欧洲的15.7%。

三、企业主导

随着中国与中东欧国家合作的深入,与中东欧国家经贸合作的主要推动力量逐渐由政府转向企业,企业对中东欧国家经贸投资环境也逐渐适应,对中东欧国家的贸易投资规则逐渐熟悉,宁波企业与中东欧国家的贸易合作逐渐兴旺起来,企业充分利用政策优势和区位优势,以多种形式在中东欧国家开展业务。

宁波在中东欧国家投资代表性项目见表6-6。

表6-6 宁波在中东欧国家投资代表性项目

序号	项目	领域	核准投资额/万美元	实际投资额/万美元	基本情况
1	波兰BIOTON药业	医药	12 098	3 906	BIOTON公司是注册在波兰华沙的生物制药公司,是全球第三大胰岛素生产企业,公司历史悠久,研发基础强,已在华沙交易所上市,业务范围辐射全球18个国家和地区,产品已在中国注册。由宁波保税区东人投资有限公司出资收购波兰BIOTON公司33%股权
2	ZVL汽车轴承有限公司	汽配	978	978	项目由天胜轴承集团有限公司在斯洛伐克投资设立,主要从事各类汽车滑动和减摩轴承及其主件的生产和销售
3	城市花园发展有限公司	房地产	1 000	390	项目由宁波市平瑞贸易有限公司在罗马尼亚投资设立,主要从事房地产开发建造
4	恒达高匈牙利贸易有限公司	电子	364	364	项目由宁波恒达高智能科技股份有限公司在匈牙利投资设立,主要从事电子产品的生产和销售

四、各方广泛参与

宁波市积极拓展与中东欧国家友城合作,2021年中国—中东欧国家博览会暨国际消费品博览会(以下简称"中东欧博览会")、第二十三届中国浙江投资贸易洽谈会在宁波举行,本届中东欧博览会以"构建新格局、共享新机遇"为主题,设置了中东欧展、国际消费品展、进口商品常年展三大展区,吸引了2 000多家展商和7 000多家采购商参会,达成了采购意向107.8亿元人民币(其中中东欧国家商品采购意向74.6亿元人民币)。

在本届中东欧博览会中,跨境电商、代理商、采购商及以商贸、交通物流为主的企业发挥重要作用,在帮助中东欧国家商品进入中国市场的同时,也积极推进双方贸易合作,增强了中东欧国家扩大对华出口的动力。

宁波参与中国与中东欧国家合作模式见图 6-1。

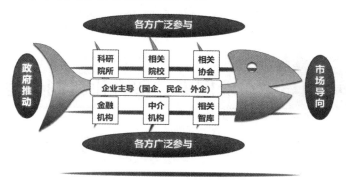

图 6-1　宁波参与中国与中东欧国家合作模式

第七章
中国与中东欧国家经贸合作机制构建

中国与中东欧国家合作从无到有、从初期探索到逐步成熟,走过了一条从照顾多样性而采取松散型合作到逐步凝聚共识并采取机制化合作的道路。随着合作的持续推进和中东欧国家内部联系的密切,中国与中东欧国家合作的机制建设路线图越加清晰。

第一节 机构建设

中国—中东欧国家合作秘书处于2012年9月在北京成立,作为一个常设的机构来处理日常事务和发布重要信息,同时负责中国与中东欧双方合作事项的沟通和领导人会晤及其他论坛活动的筹备,在每年开会前收集资料并以此为依据,制订下年度的发展计划。外交部主管部领导担任秘书处秘书长。中华人民共和国外交部、中国共产党中央委员会对外联络部、中华人民共和国国家发展和改革委员会、中华人民共和国教育部、中华人民共和国科学技术部、中华人民共和国工业和信息化部、中华人民共和国财政部、中华人民共和国交通运输部、中华人民共和国农业农村部、中华人民共和国商务部、中华人民共和国文化和旅游部、中华人民共和国国家卫生健康和计划生育委员会、中国人民银行、国家新闻出版广电总局、国家铁路局、中国民用航空局、中国共产主义青年团中央委员会、中国国际贸易促进委员会、中国人民对外友好协会、中国工商银行、国家开发银行、中国进出口银行、中国国家铁路集团有限公司等23家中央机构与有关机构作为秘书处中方成员。中东欧国家安排国家协调员与中方秘书处进行对接。2015年4月,设立"外交部中国—中东欧国家合作事务特别代表"。2015年建立中方秘书处及其成员单位与中东欧国家驻华使馆的交流通报机制。"中国—中东欧国家合作"机构建设见表7-1。

表7-1 "中国—中东欧国家合作"机构建设

机构	内容
中国—中东欧国家合作秘书处	(1)中国政府推进合作秘书处于2012年9月在北京成立。 (2)外交部主管部领导担任秘书处秘书长。中华人民共和国外交部、中国共产党中央委员会对外联络部、中华人民共和国国家发展和改革委员会与有关机构为秘书处中方成员单位。 (3)中东欧国家分别任命了国家协调员,负责和中方秘书处对接。"中国—中东欧国家合作"国家协调员每年举行两次会议。 (4)"外交部中国—中东欧国家合作事务特别代表"于2015年4月设立。 (5)中方秘书处及其成员单位于2015年第四次中国—中东欧国家领导人苏州会晤中被确定建立

第二节 重大活动

一、领导人会晤

中国—中东欧国家领导人会晤,是中国与中东欧国家领导人的会晤机制,自2012年开始举办,除了2020年受疫情影响没有举办以外,一年举办一次,从2012年4月开始至2021年2月共举办了9次,见表7-2。

表7-2 历届中国—中东欧国家领导人会晤汇总表

会议届次	时间	地点	会晤主题(主旨)	发布文件
第1次	2012年4月26日	波兰首都华沙	温家宝宣布中国关于促进与中东欧国家友好合作的12项举措,并提出四条原则建议	《中国与中东欧国家领导人会晤新闻公报》
第2次	2013年11月26日	罗马尼亚布首都布加勒斯特	合作共赢,共同发展	《中国—中东欧国家合作布加勒斯特纲要》
第3次	2014年12月16日	塞尔维亚首都贝尔格莱德	新动力、新平台、新引擎	《中国—中东欧国家合作贝尔格莱德纲要》
第4次	2015年11月24日至25日	中国苏州	新起点、新领域、新愿景	《中国—中东欧国家合作中期规划》《中国—中东欧国家合作苏州纲要》
第5次	2016年11月5日	拉脱维亚首都里加	互联、创新、相融、共济	《中国—中东欧国家合作里加纲要》
第6次	2017年11月27日	匈牙利首都布达佩斯	深化经贸金融合作,促进互利共赢发展	《中国—中东欧国家合作布达佩斯纲要》
第7次	2018年7月7日	保加利亚首都索非亚	深化开放务实合作,共促共享繁荣发展	《中国—中东欧国家合作索非亚纲要》
第8次	2019年4月12日	克罗地亚杜布罗夫尼克	搭建开放、创新、伙伴之桥	《中国—中东欧国家合作杜布罗夫尼克纲要》
第9次	2021年2月9日	线上举行(中国北京为主会场)	习近平发表《凝心聚力,继往开来 携手共谱合作新篇章》主旨讲话	《2021年中国—中东欧国家合作北京活动计划》《中国—中东欧国家领导人峰会成果清单》

二、中国—中东欧国家协调员会议

中国—中东欧国家协调员会议一年举行两次,分别在北京和举办领导人会晤的东道国举行。会议宗旨系协调、跟进、落实《中国—中东欧国家合作中期规划》(自2016年以来)及年度纲要中所涉及的合作项目;筹备一年一度的"中国与中东欧国家"领导人会晤。截至2019年6月,此类会议已举办13次,其中,中国北京5次,中国海南1次,中东欧国家7次。

三、地方领导人会议

中国—中东欧国家地方领导人会议参会人员包括中东欧部分国家政要、各国国家协调员、重要省市长、相关国家大使、企业领导人以及国家有关部委部领导等。历次会议的主题见表7-3。

表7-3 历届中国—中东欧国家地方领导人会议汇总

会议届次	时间	地点	会议主题	发表文件
第1次	2013年7月2日至4日	中国重庆	中国—中东欧国家合作——省、市发展机遇	《重庆倡议》
第2次	2014年8月28日至29日	捷克首都布拉格	地方合作——中国—中东欧国家合作的重要引擎	《关于推动建立中国—中东欧国家地方省州长联合会的谅解备忘录》
第3次	2016年6月17日	中国唐山	中国—中东欧国家地方合作：新机遇、新领域、新空间	《中国—中东欧国家地方省州长联合会章程》
第4次	2018年10月20日	保加利亚首都索非亚	全球发展理念，地方合作实践	《索非亚共识》

第三节 合作平台

为促进中国与中东欧国家合作均衡、务实、全面发展，中东欧国家共同商定组建由各国牵头的合作促进机构，以充分调动各国的积极性和参与度，并发挥各国的优势和作用。

一、中国—中东欧国家地方省州长联合会

中国—中东欧国家地方省州长联合会于2014年8月在第二次中国与中东欧国家地方领导人布拉格会议期间成立并落户捷克，现由中国河北省省长和捷克摩拉维亚州州长分别担任中捷双方主席。迄今中国—中东欧国家地方省州长联合会已分别在中国廊坊、中国唐山、中国大连、保加利亚普罗夫迪夫和保加利亚索非亚举行五次工作会议。

二、中国—中东欧国家联合商会

中国—中东欧国家联合商会由波兰牵头组建，负责促进中东欧国家贸易投资合作，执行机构设在波兰华沙。中国—中东欧国家投资促进联系机制于2014年9月在第十八届中国厦门国际投资贸易洽谈会期间成立。中国—中东欧国家经贸促进部长级会议每两年举行一次，截止到2018年6月已经举行了三次会议。

三、中国—中东欧农业合作促进联合会

2015年6月,中国—中东欧国家农业合作促进联合会在保加利亚首都索非亚正式成立。2017年8月,在斯洛文尼亚布尔多举行中国—中东欧国家农业部长会议,会议通过了《中国—中东欧国家农业部长会议布尔多共同宣言》。

四、中国—中东欧国家旅游合作协调中心

"中国与中东欧国家合作"框架下设有中国—中东欧国家旅游合作高级别会议和旅游合作协调中心两个平台。旅游合作协调中心由匈牙利牵头组建。2014年5月,中国—中东欧国家旅游合作首次高级别会议在匈牙利首都布达佩斯举行,会议发表了《中国—中东欧国家旅游合作首次高级别会议纪要》,中国—中东欧国家旅游促进机构和旅游企业联合会协调中心揭牌成立。

五、中国—中东欧国家虚拟技术转移中心

2015年9月,第二届中国—中东欧国家创新技术合作和国际技术转移研讨会在斯洛伐克首都布拉迪斯拉发召开。双方共同发表了推动中国与中东欧国家技术转移领域合作的《合作宣言》。该中心秘书处落户斯洛伐克布拉迪斯拉发,由斯科技信息中心及中国科学技术部行使职能。2016年11月,首届"中国—中东欧国家创新合作大会"在南京开幕。中东欧国家共同发表了《中国—中东欧国家创新合作南京宣言》,并为"中国—中东欧国家虚拟技术转移中心"揭牌。

六、中国—中东欧物流合作联合会

2016年5月,首届中国—中东欧国家交通部长会议在拉脱维亚首都里加举行。会议发表了《里加交通物流合作纲要》,宣布成立中国—中东欧物流合作联合会,并在拉脱维亚交通部设立秘书处。

七、中国—中东欧文化合作协调中心

2013年5月,首届中国—中东欧国家文化合作部长论坛在北京举行。论坛主题:深化务实合作,共创美好明天。中东欧国家部长及代表通过了《中国—中东欧国家文化合作行动纲领》。2015年11月,第二届中国—中东欧国家文化合作论坛在保加利亚首都索非亚举行。会议通过了《中国—中东欧国家2016—2017年文化合作索非亚宣言》。2017年9月,第三届中国—中东欧国家文化合作部长论坛在杭州举行。论坛期间通过了《中国—中东欧国家文化合作杭州宣言》以及《中国—中东欧国家2018—2019年文化合作计划》。中东欧国家部长及代表共同签署了《中华人民共和国文化部和中东欧国家文化主管部门关于在北马其顿共

和国设立中国—中东欧国家文化合作协调中心的谅解备忘录》。

八、中国—中东欧国家林业合作协调机制

2016年5月,第一次中国—中东欧国家林业合作高级别会议在斯洛文尼亚召开。会议通过了《中国—中东欧国家林业合作协调机制行动计划》,中国与中东欧国家林业合作协调机制正式启动。2017年2月,协调机制联络小组在斯洛文尼亚首都卢布尔雅那举行第一次会议,会议通过了《联络小组章程》及《2017—2018中国与中东欧国家林业合作协调机制两年期行动计划》。

九、中国—中东欧国家智库交流与合作网络

2015年12月,"第三届中国—中东欧国家高级别智库研讨会暨'中国—中东欧国家智库交流与合作网络'揭牌仪式"在北京举行。研讨会主题是:以苏州会晤为新起点:智库交流为"16+1合作"提供支撑。该网络中方秘书处设在中国社科院欧洲所。研讨会一年举办一次,迄今已经在中国北京、匈牙利布达佩斯、北马其顿斯科普举办过。

十、中国—中东欧国家教育政策对话会

在"中国与中东欧国家合作"框架下设有中国—中东欧国家教育政策对话和高校联合会两个平台。2013年6月,首届中国—中东欧国家教育政策对话会在中国重庆举行,会议通过了《中国—中东欧国家教育政策对话重庆共识》。2014年9月,中国—中东欧国家高校联合会启动仪式在中国天津举行。上述合作平台每年轮流在各国举行。

十一、中国—中东欧国家卫生合作促进联合会

2016年6月,第二届中国—中东欧国家卫生部长论坛在中国苏州举行,大会主题是:深化卫生务实合作,促进健康可持续发展。会议期间正式设立中国—中东欧国家卫生合作促进联合会,并发表《苏州联合公报》。中国—中东欧国家卫生合作促进联合会每年在中东欧国家轮流举行。

十二、中国—中东欧国家交通基础设施合作联合会

2014年6月,中匈塞(中国、匈牙利、塞尔维亚)交通基础设施合作联合工作组首次会议在中国北京举行。中国—中东欧国家交通基础设施合作联合会由塞尔维亚牵头组建。

十三、中国—中东欧国家能源项目对话合作中心

2017年11月8日,中国—中东欧能源博览会暨论坛在罗马尼亚首都布加勒斯特举行。

会议期间正式成立了中国与中东欧国家能源项目对话合作中心。

在其他领域还有由中东欧国家牵头组建（筹建）的中国—中东欧中小企业联合会、中国—中东欧电商联合会、中国—中东欧青年协会、中国—中东欧环保合作机制等。

第四节 主题年活动

中国与中东欧国家从2014年至今举办了许多主题年活动，使双方的合作得以深入开展，为经贸等各领域合作的可持续发展打下了坚实的基础。

一、中国—中东欧国家合作投资经贸促进年

2014年为"中国—中东欧国家合作投资经贸促进年"。本年度，举行了中国—中东欧国家经贸促进部长级会议、中东欧国家特色商品展、中国—中东欧国家投资促进研讨会、中国投资论坛等活动。

二、中国—中东欧国家旅游合作促进年

2015年为"中国—中东欧国家旅游合作促进年"。本年度，举行中国与中东欧国家旅游合作促进年启动仪式、第二次中国—中东欧国家旅游合作高级别会议等活动。

三、中国—中东欧国家人文交流年

2016年为"中国—中东欧国家人文交流年"。本年度，举办中国—中东欧国家艺术合作论坛、首届中国—中东欧国家文学论坛、中东欧16国联合记者团访华等多项活动。

四、中国—中东欧国家媒体年

2017年为"中国—中东欧国家媒体年"。中国—中东欧国家媒体年暨中东欧主题影展开幕式于2017年2月在北京举行。中东欧国家媒体重点围绕政策交流、新闻报道、合作制作、出版发行、互译互播、新兴媒体等领域开展深入交流合作。

五、中国—中东欧国家地方合作年

2018年为"中国—中东欧国家地方合作年"。本年度，中国同有关中东欧国家一道，举办了第四次中国—中东欧国家地方领导人会议，同时，中国与中东欧各国地方政府积极参加各领域务实合作，在园区建设、经贸、科技、教育、人文等领域取得积极进展。

六、中国—中东欧国家教育、青年交流年

2019年为"中国—中东欧国家教育、青年交流年",举办中国—中东欧国家教育、青年交流年开幕式、第七届中国—中东欧国家教育政策对话和中国—中东欧国家高校联合会第六次会议、中国—中东欧国家青年知识竞赛、第三届"未来之桥"青年研修交流营等活动。全球伙伴中心正式揭牌,并于2019年12月举行首次全体会议。

七、中国—中东欧国家农业多元合作年

2020年为"中国—中东欧国家农业多元合作年",举办中国—中东欧国家特色农产品云上博览会等活动。新冠肺炎疫情发生后,以团结抗疫为主题,举办中国—中东欧国家卫生部长新冠肺炎疫情特别视频会议、中国—中东欧国家疫情防控专家视频会议,各国介绍疫情发展形势,交流分享疫情防控经验。结合各方复工复产、恢复经济的共同意愿,举办中国—中东欧国家中小企业复工复产视频信息交流与洽谈会等活动,为各方加强复工复产合作提供契机。

第八章
推进中国与中东欧国家经贸合作对策研究

新形势下加强中国与中东欧国家经贸合作,着力点应在于双方优势领域的强强联合,聚集双方优势产业的资本、市场和人力资源等要素,加强制度创新、互联互通、双向投资、经贸新领域合作及商旅文融合等方面,进一步推动构建中国与中东欧国家经贸合作高质量发展路径。

第一节 优化顶层设计,加强中国与中东欧国家经贸合作制度创新

一、与自由贸易试验区联动开展制度创新

鼓励全国各地自由贸易试验区深度互动,将政府职能转变、资产管理、投资贸易便利化、金融改革、系统监管等领域的制度创新成果率先复制推广至宁波、沧州等中国—中东欧国家经贸示范区、产业园。设立联动创新区,推进自贸试验区深化改革创新、释放制度创新改革红利、推动全国各自贸试验区与中国—中东欧国家合作平台开展联动制度创新。

二、打造中国—中东欧国家贸易便利化试验区

建立中国—中东欧国家卫生和植物卫生工作机制、检验检疫联络咨询点,争取优化中东欧国家农食产品输华准入评估程序,加快准入进程。鼓励宁波、天津、北京、杭州、苏州等地积极申报中东欧国家特色农产品进口指定监管场地,进一步增加中东欧国家相关进口商品的准入品类。尝试开通农副产品快速通关"绿色通道",对进出口农食产品实行"即报即放""即查即放""边检边放"等多种放行模式。便利中国—中东欧国家博览会暨国际消费品博览会展品进口。积极深化建设中国—中东欧国家海关信息中心。积极举办中国—中东欧国家海关高层合作论坛等相关贸易便利化相关论坛活动。

三、探索中欧投资协定落地的地方经验

全面落实中东欧国家企业投资准入前国民待遇加负面清单管理制度,进一步放宽中欧国家教育培训、卫生医疗、文化创意、科研创新、银行、证券、保险、跨境物流配送、售后服务等

准入门槛,实行负面清单、竞争中性的管理制度。各地有条件的城市应积极争取中央和省级权力下放至宁波、沧州等地中国—中东欧国家经贸示范区、产业园,在法定权限内制定中东欧国家企业、机构、人员及资金、信息出入境的试点政策。深入研究中欧投资协定相关内容,探索出各地具有自身特色的地方经验。

第二节 完善合作机制,构建中国与中东欧国家长效发展动力之源

一、建立长效且针对性强的经贸合作机制

在2021年中国—中东欧国家领导人峰会上,习近平主席表示坚持"绿色共识",推动"绿色发展";中国和中东欧国家要拓展在数字经济、电子商务、健康产业等领域合作;推进互联互通、科技创新、数字经济、绿色发展等领域合作高质量发展。这为中国与中东欧国家合作机制的建设提供了新的方向和思路,中国与中东欧国家可以构建数字经济合作机制、绿色经济合作机制、科技合作创新机制、双向投资合作机制等专门化、正式化的合作机制来推动双边国际经贸合作的发展。

要构建以数字经济来推动双边国际经贸合作的合作机制,有序开展数字经济合作机制,协调资源为双边经贸合作服务,实现"互利共赢"的合作目标,从而优化双边经贸合作环境。构建以绿色经济为宗旨的绿色经济合作机制,通过该机制推动双边经贸合作的发展,既能推动双边经贸合作实现共赢目标,又能通过绿色经济推动双边合作的可持续发展和生态环境效益。构建科技合作创新机制,以科技创新推动中国与中东欧国家的经贸合作。双方可以通过定期举办中国—中东欧国家创新合作大会、共同建设中国—中东欧国家技术转移中心、共同开展联合研发合作和鼓励科技人才交流等方法加强双方科技创新合作,从而建立科技合作创新机制,用科技合作创新机制为中国与中东欧国家经贸合作保驾护航。构建双向投资合作机制,有利于中国与中东欧国家在经贸合作方面更好更快地进行双向投资合作,使得双方企业能够放心和精准地在一个专门化、正式化平台上有效快速地进行经贸合作方面的投资活动,从而推动中国与中东欧国家经贸合作的快速发展,形成经贸合作上投资的你来我往,整合双方资源,寻找最优组合,实现互利共赢的合作目标。

二、建立线上线下结合的信息共享机制

要加快打造集门户网站、数据中心、项目发布、企业信息综合服务等于一体的中国与中东欧国家经贸合作线上综合服务平台。为满足社会的需求以及政府和企业决策的需要,要建立起长效的信息服务机制。在平台中引入"政府+外贸企业+生产企业+金融机构+海关+商检"等机构,完善平台功能,并采用"政府+企业"双运营主体管理模式,为中国—中东欧国家合作提供更好的线上经贸合作平台和服务保障。同时,要进一步加强与中东欧国家在5G、大数据、物联网、云服务、人工智能等领域的交流合作,建立信息共享机制。

三、加强经贸合作规范及约束机制建设

可以效仿欧盟在区域经济合作组织方面的建设经验,以签署制度性的框架合作协议来逐步取代非制度性的协商合作制度。对于双边的经贸合作项目,在涉及项目申报与审批、人民币汇兑、通关便利化和检验检疫方面与中东欧国家一起建立具有一定约束力的规范制度,按制度办事。同时,企业也要建立自己的规范与约束机制,遵守规章制度,充分尊重中东欧国家的法律法规。

四、构建灵活丰富的多层级协调联动机制

中国与中东欧国家经贸合作协调机制可围绕两个层级展开:一是中国与中东欧国家在重大战略规划、经济发展政策、跨国投资与贸易方面的规定之间的对接和协调;二是中国与中东欧国家政府有关部门、各类企业、行业协会之间的协调与配合。充分发挥国家层面和企业层面的作用,积极完善双边经贸合作协调机制,推动双边经贸合作的发展。

五、推动宁波中国—中东欧国家经贸合作示范区等地方合作机制创新

以机制创新推动地方参与中国—中东欧国家合作。一是建立部省市协作机制,推动在国家层面建立示范区建设工作协调推进机制。二是在中东欧贸易便利化、投资自由化、人文交流等领域大胆改革,构建与国际规则相衔接的制度体系,打造地方探索国际跨区域合作制度创新的新高地。三是加快复制推广各类开放先行、先试平台的经验政策,推动示范区在贸易、投资、金融、人员流动等领域探索政策创新。四是推动建立高层互访机制,邀请中东欧国家政要每年访问浙江及出席中国—中东欧国家博览会等重要活动。五是强化与中东欧国家驻华使领馆及我驻中东欧国家使领馆的紧密联系,加强与中东欧商协会的合作,建立多方沟通交流、协调推进的常态化机制。

六、建立健全经贸合作风险防范及效益评估机制

中国与中东欧国家经贸合作风险防范机制,要按照"建立风险评估体系—识别及评估风险—发出风险预警—风险处置"的思路进行设计。在参与双边经贸合作项目上,企业要建立科学化的效益评估机制。企业考虑各类风险后,要对具体项目进行效益评估,特别是对长期收益性及其可持续性进行细致的评估。

第三节 提升物流水平,强化中国与中东欧国家互联互通能力

一、推进港口合作走深走远

加强中国港口与欧洲地中海、亚德里亚海、波罗的海以及黑海(港口)等联动互通,强化

中国港口与希腊比雷埃夫斯港、斯洛文尼亚科佩尔港、克罗地亚里耶卡港、波兰格但斯克港以及罗马尼亚康斯坦察港等合作，开展港口基础设施和集疏运网络建设、港口业务拓展等合作。中国港口与中东欧国家港口合作设立中国—中东欧国家港口联盟。在有效监管、风险可控的前提下，在我国上海、深圳、宁波舟山港等主要港口实施启运港退税政策。允许中资非五星旗船开展以宁波舟山港为国际中转港的外贸集装箱沿海捎带业务，促进沿海运输市场有序开放。深化上海航运交易所、广州航运交易所及宁波航运交易所等与波罗的海交易所等合作，提升"海上丝路指数"在中东欧国家的影响力。推动欧洲"南大门"希腊比雷埃夫斯港的扩建工程与匈塞铁路升级等的联动，发挥中国与中东欧港口合作示范效应，加速推进中欧互联互通。

二、推动中欧班列发展壮大

要着力增强中欧班列设施保障能力。以瓶颈路段和拥堵口岸为重点，积极推动中欧班列西、中、东通道"卡脖子"路段升级改造，着力提升枢纽集结能力。

要着力提升中欧班列开行质量效益。不断完善中欧班列开行方案，动态调整和优化开行线路，大力拓展回程货物货源，拓展回运业务，进一步做大做强集装箱海铁联运业务，打造国际多式联运物流枢纽，持续提高通关效率。同时，还要充分发挥考核导向作用。

要着力推进中欧班列市场化发展。始终坚持"政府引导、市场运作、企业主体"的原则，遵循市场规律和竞争规则，为中欧班列持续健康发展营造良好市场环境。

要着力增强中欧班列持续发展动力。加快中欧班列信息平台、智慧口岸建设，推进中欧班列与丝路海运、西部陆海新通道等联动发展，积极推动"运贸一体化"，积极探索开行"人文班列""旅游班列"。其他有条件的城市，适时开通更多中欧班列。比如，目的地为中东欧国家的义新欧中欧班列宁波号。

要着力加强中欧班列国际合作。坚持共商共建共享原则，推动共商深度合作、共建设施项目、共享发展成果，将中欧班列打造成为惠及各方、携手前进的阳光大道。

要着力确保中欧班列安全稳定运行。加强重点口岸疫情防控，科学消杀，严防输入，坚决守好国门。不断完善中欧班列运行中人防、物防、技防"三位一体"的安保措施，保障中欧班列安全稳定运行。

三、提升货运航空运输能力

持续降低中国与中东欧国家国际航空货运成本。鼓励中国民用航天局出台相关政策措施，包括降低空运飞行收费和飞机停场费等，积极推进降费减负；安排专项补助，对承运中国与中东欧国家重大专项运输任务的货运航班和包机给予一定的补贴。

简化中国与中东欧国家货运航线航班审批。开放国际航线航班管理信息系统，实现中国与中东欧国家航空公司货运航班申请的24小时全天候实时在线审批，在提高航空运行效率的同时，进一步提升中国航空对中东欧国家的服务品质。

支持客运航空公司使用客机执行全货运航班。当前，全球的航空客运航班量有所缩减，相应的客机腹舱货运也有所下降。中国应采取豁免航空公司此类运行的航权、飞行计划等方面的许可审批,支持中国航空公司及时将闲置的客运航班运力用于提升中国与中东欧国家之间的国际货运能力。

探索"点对点"货运包机的形式。鼓励中国邮政航空增加中东欧国家及周边货运包机航次,探索中国与中东欧国家航班线路"点对点"的货运包机形式,解决比较突出的邮件快件积压问题。

加强"运贸对接",推动商务部建立外贸企业与航空公司供需精准衔接机制。按照"政府搭台,企业运作"原则,推动国内各大航空公司制定针对中东欧国家的工作方案,组建专门团队,破解航空运力信息不对称及供需不匹配难题,提升中国与中东欧国家之间航空服务水平。

针对中国与中东欧国家间具有重要战略意义的运输需求,探索建立重大航空运输保障机制,重点防范重要战略物资的国际供应链"断链"风险。

四、建设国际数字枢纽

在确保信息安全的基础上,推动增值电信服务、数字金融、互联网等信息服务领域对外开放,加强与中东欧国家在5G、大数据、物联网、云服务等领域的交流合作,探索形成信息合作交换共享机制。深化中国—中东欧国家海关信息中心、数字中东欧经贸促进中心、中东欧商品进口综合服务平台等数字平台建设,打造全方位的中东欧线上综合服务平台。强化数据监测分析,定期发布中东欧贸易指数,合理引导市场预期,有效降低合作风险。

五、打造国际供应链创新策源中心

打造面向包括中东欧国家在内的"一带一路"沿线国家的国际供应链创新策源中心,将重点发展国际采购、国际转口、供应链物流、数字供应链等业态;支持建设国际供应链创新发展试验区,探索推进国际港口物流与监管的互联互通,打造国际供应链综合服务平台;创新监管模式,实现保税货物点对点直接流转;探索境内境外直通仓模式。

第四节 加强贸易合作,充分挖掘中国与中东欧国家贸易潜力

一、加快建设双向贸易网络

支持企业在中东欧国家建设国际营销公共服务平台。加强与中东欧国家重点市场的贸易合作,鼓励企业积极参加在中东欧国家举办的展会。建设中东欧国家农产品、食品、化妆品等进口消费品专业市场,搭建能源原材料大宗商品交易平台。鼓励中东欧国家和欧洲其他国家跨国公司、行业龙头企业在宁波、天津、北京等中东欧贸易活跃的城市设立贸易总部、分支机构和销售中心。积极探索同中东欧国家海关开展"智慧海关、智能边境、智享联通"合作试点。启动中东欧商品进口专项行动,提升进口贸易占全国的份额。依托中国—中东欧国家海关信息中心,实施更多贸易便利化举措,支持中东欧商品采购联盟搭建进口综合服务平台。

二、构建中东欧商品内销体系

加大力度支持中东欧商品进口龙头企业牵头组建的中东欧商品采购联盟,打造供应链综合服务平台。做强中东欧商品常年馆等专业贸易平台,布局打造中东欧商品综合展示交易中心。争取在宁波、天津、北京、上海等各大城市开设中东欧进口商品免税店。推动建立长三角中东欧进口生产资料交易示范基地。加强与电商平台的合作,开设直播电商孵化中心,拓展中东欧商品销售渠道。

在加快构建新发展格局的进程中,推进中国与中东欧国家内外贸一体化融合发展。继续支持中东欧进口产品进电商平台、进大型超市、进特色街区、进夜市、进展会、进政府采购目录的"六进"渠道,为中东欧企业拓展中国市场搭建务实平台,有效解决中国与中东欧国家贸易不平衡问题。

三、构建中东欧商品交易平台

创新博览会政策,加强与中国国际进口博览会和中国国际消费品国际博览会资源互动、需求对接,发挥好中东欧国家商品进口主渠道作用。丰富参展品类,拓展智能装备、生物医药、电子信息、通用航空、航运物流、文化旅游等新兴产品和服务,把博览会建设成为与中东欧国家双边贸易的首选平台。按照国际化、专业化、市场化要求,稳步推进博览会中外共办机制,邀请国家部委及我国 31 个省、自治区、市共同参与,推动一批国字号品牌、国字号项目和国字号成果集聚宁波、北京、上海等中东欧经贸活跃城市,提升博览会辐射和服务全国的能力。推动博览会参与国家拓展至全欧洲及"一带一路"沿线国家,探索与中东欧国家合作开发第三方市场。

四、建设永不落幕的中东欧商品进口博览会

推动临时展与常年展、线下展与云上展融合,打造永不落幕的中东欧商品进口博览会。办好中东欧进口商品常年展,持续推动中东欧进口商品常年馆提档升级,建成全国有影响力的、展示交易中东欧商品的集散中心。办好中东欧商品云上展,推进博览会官网智能化升级,适时推出 7×24 小时在线服务小程序或 App。常年举办线上线下结合的贸易对接活动,集聚全国各省区市及全球专业买家,打造中东欧国家农副产品、日用消费品进口枢纽。

五、大力发展新型国际贸易

以双循环新发展格局为契机,大力发展新型国际贸易。扩大与中东欧国家在航运物流、现代金融保险、检验检测、绿色建筑等领域合作,鼓励企业扩大对中东欧国家软件和信息服务、工业设计、工程技术等服务出口。支持发展真实合法的转口贸易和离岸贸易,支持中东欧国家企业在宁波、天津、北京等中东欧贸易活跃的城市设立各类营运中心,加快形成订单中心、供应链管理中心和资金结算中心。

六、便利跨境贸易资金结算

支持开展人民币跨境业务,积极推动中国—中东欧国家贸易跨境人民币结算便利化。进一步推动跨国公司资金集中运营管理,推进基于区块链技术的大数据可信交易,支持银行依法为境外主体提供本外币跨境融资服务。

第五节 深化产业合作,促进中国与中东欧国家双向投资

一、推动更高水平的"走出去"

支持中国企业在中东欧国家开展投资合作,争取在中东欧国家设立更多境外产业园及境外营销中心。引导中国企业熟悉国际经贸规则,构建面向全球的原材料采购、技术研发、生产制造和营销网络,加快向跨国企业迭代跃升。建立与中东欧国家信息交流机制,提供对中东欧国家投资、并购等相关商务服务的咨询业务。

二、吸引中东欧国家特色产业和技术来华

加强与中东欧国家和欧洲其他国家在高端装备、生物医药、通用航空、金融科技、互联网、创意设计等领域的技术合作、产能合作和市场合作,支持中东欧国家企业、机构在中国设立区域总部、研发中心和设计中心。加强与中东欧国家在现代种业、农资、农机、农产品加工等领域合作,探索在中东欧国家合作建设农产品批发市场。加快中东欧国际产业合作园、北欧工业园、欧洲工业园、中瑞产业园等国际产业合作园的建设。鼓励我国开发区以"两国双园""姊妹园"等模式,加强与中东欧国家产业园区在建设管理、信息共享、产业对接、人员交流等方面的合作。

三、创新跨境资本金融合作

加大对中东欧国家和欧洲其他国家外资金融机构招引力度,推动有条件的外资金融机构与中国企业合资、合作或者独资设立法人金融机构。探索开展合格境外有限合伙人(QFLP)试点。积极推动各项外汇和跨境人民币创新业务。加大与中东欧国家保险合作交流,提升发展航运金融和跨境金融产业,全力打造航运保险创新中心。

四、推动产业合作模式创新

借鉴国际先进经验,核心政策举措通过引进社会化的第三方产业合作载体模式推动国际跨区域产业合作,支持中东欧及西欧国家企业来示范区设立贸易总部、分支机构、销售中心。发挥双方技术产能优势,推进中国制造叠加中东欧国家技术优势,探索"中国制造+中

东欧技术+欧洲市场"模式,实现强强联合,提高双方企业价值获取能力与国内、国际两个市场开发能力。如宁波美诺华企业利用生物医药制造优势,叠加斯洛文尼亚 KRKA(科尔康)先进生物制药研发技术和产品种类丰富的优势,面向欧盟、中国市场的研发、生产和销售成效明显。在绿色低碳发展领域主动对接欧盟"绿色新政",探索"欧洲平台+中东欧需求+中国技术(资本)"模式,发挥我国在清洁能源与数字经济等产业的技术优势及资金优势,对接中东欧国家在绿色发展领域的巨大需求、深化合作。构建"全球供应商"模式,充分利用中东欧国家有竞争力的劳动力成本、受过高等教育的劳动力、地理位置靠近西欧(中东欧的供应链大部分属于西欧)、适用欧盟法律框架和各种激励措施等有利条件,支持我国企业在中东欧国家构建原材料采购、技术研发、生产制造和营销网络等,为我国产业发展寻求生产要素供应来源的多样化。

五、加快中国与中东欧国家产业合作平台载体建设

打造国际产业科技合作示范园。加快中东欧中小企业集聚区建设,重点引进智能网联汽车及新材料、节能环保、生命健康、空天一体化装备制造等领域的中东欧国家企业,加速超级跑车、轮毂电机、智能纸托盘等项目落地,建设新能源汽车及新材料产业基地、节能环保产业基地、生命健康产业基地、空天一体化装备制造基地。加快中东欧(布达佩斯)创新基地和中东欧创新研究院建设,推动园区与中东欧国家高校、科研院所等建立常态化交流合作机制,大力引进总部大脑、研发大脑和初创型企业,探索共建"创新沙箱"试验区,全力打造国际产业科技合作高地。

完善合作园综合配套服务。在浙江、河北等中东欧相关合作园搭建工业设计、检验检测、质量控制与技术评价、知识产权、国际商事法律等公共服务载体,打造全球性公共服务支撑平台。支持中东欧国家院校和龙头企业在合作园以新工科大学、企业大学的形式创办职业教育机构及公共培训机构,支持高端国际化医疗服务机构来合作园设立分支机构。加快中东欧国际会客厅建设,推进中东欧文化交流中心等国际性商业配套设施建设。

六、加快营造国际一流的营商环境

优化营商环境是一项系统工程。中国要始终围绕打造国际一流营商环境,进一步深化改革、扩大开放,更大激发市场活力和社会创造力,让中国继续成为中东欧企业投资发展、合作共赢的热土,继续为中东欧国家包括其他欧盟国家在内的在华企业提供更好的营商环境。

对照世界银行指标,尽快研究和出台推动我国营商环境建设的指标体系。世界银行营商环境评价指标主要关注国家间营商环境的差异,指标中有关于程序、时间、成本和相关法律法规的内容。我国在制度营商环境建设的指标体系不可一概而论,各省可根据省情制定。省级政府可控的主要是时间效率指标;同时,世界银行数据收集基本采取的是问卷、访谈、电话等形式,存在一定的主观性偏差,须重视矫正。为准确客观地把握中国各省营商环境建设的现状,有效推动建设和优化工作的开展,可在全国各省政务环境定量评估经验的基础上,尽快研究和出台符合中国各省省情的营商环境建设的指标体系。

以营商环境评估为手段,持续推动我国营商环境的优化和提升。在中国营商环境指标

体系构建的基础上,对照世界银行评估方法,对全国各省,特别是浙江、河北、四川、山东等与中东欧国家合作密切的省份开展定性和定量评估,以评估为手段,促使地方明晰自己的短板和需完善的目标与事项,持续推动中国各省营商环境的优化和提升,在世界银行评估中展现中国优良的营商环境形象,吸引更多中东欧国家企业来华投资经商。

及时总结浙江等先进省份的营商环境建设的经验,推动营商环境相关的行政体制机制以及法律法规的改革。按照世界银行的评估指标,不同经济体营商环境的影响因素主要涉及行政体制和机制改革,以及法律法规的完善。浙江作为世界银行中国评估的样板,应该及时总结营商环境建设经验,发挥浙江先行先试的优势,积极推动我国行政体制机制的进一步改革,并完善相关法律法规,以更好推动优化我国的营商环境。

第六节 激活发展动能,拓展中国与中东欧国家经贸合作领域

一、加强中国与中东欧国家数字合作,助力产业提档升级

发挥跨境电商先行作用。实施跨境电商中东欧拓市行动,推进中东欧国家商品跨境进口平台、中东欧(宁波)贸易物流园、中东欧营销促进服务中心等项目建设。支持外贸企业在中东欧国家设立海外第三方仓库,建设中国与中东欧国家跨境电商综合服务平台。争取跨境电商进口正面清单扩增,在符合条件的前提下允许跨境电商商品和保税货物实施状态互转。推进中国—中东欧国家电子商务合作对话机制完善。开展对中东欧国家跨境电商 B2B(企业对企业)出口业务,推动双向跨境电商贸易高质量发展,争取对中东欧国家跨境电商贸易额年均增长 50% 以上。充分利用国家级开放平台以及市场采购贸易试点政策叠加效应,打造国际贸易数字化创新平台,推进中国—中东欧国家新型数字贸易港建设,形成跨境电商进出口"双轮驱动"新模式。

加快推进 eWTP 中国—中东欧创新合作示范项目。建设中东欧数据公共服务平台(CEE—PSP),完善商业端与中东欧国家海外试点的系统对接,统一数据标准和口岸申报规范,推动与匈牙利、希腊等国率先实现数据互认,构建 eWTP 中东欧互联互通数据互认体系。在北京、天津、上海、浙江等信息基础设施条件较好的省份优先建设 eWTP 中东欧物流基础设施,打造中国—中东欧国家贸易智能物流中心仓,适时在中东欧国家启动物流中心仓建设,推广中东欧数据公共服务平台集成服务,构建互联互通物流网络体系。选取一批产品开展数字贸易试点,提升海外机构单证数字化水平,争取有关审批权限下放至中国—中东欧国家经贸合作示范区、核心区。争取在宁波、杭州、苏州等中东欧贸易活跃的城市设立中国—中东欧国家数字贸易保税区。

推进数字产业双向合作。加强全国各地方的互动合作,共同推动中国—中东欧国家智慧城市中心建设,深度参与塞尔维亚、黑山等中东欧国家和欧洲其他国家的智慧城市项目。发挥我国培育多元化、多层级工业互联网平台体系的优势,推进百亿以上产业集群产业大脑应用和工业互联网平台全覆盖,探索与中东欧国家重点城市互动,共同打造工业互联网产业发展生态。建设中东欧商品进口综合服务窗口,打造中东欧商品进口大脑。支持我国创新机构与中东欧国家科研机构联合开展核心技术攻关,开展 5G、人工智能、区块链、AR/VR 等

新技术和工业控制、工业故障诊断、工业设备维护等方面的联合研发和应用,共同为中国与中东欧国家重点城市的新智造创新赋能。

二、提升中国与中东欧国家绿色合作深度,促进合作可持续发展

争创中欧低碳生态城市试点。坚持以开放理念促进绿色发展,在全国各地开展争创中欧低碳生态城市试点活动。以废旧金属等大宗品类为突破点,打造中国—中东欧国家循环经济对接机制。大力借鉴欧洲城市发展先进理念、技术和经验,在城市紧凑发展规划、清洁能源利用、绿色建筑、绿色交通、水资源与水系统、垃圾处理处置、城市更新与历史文化风貌保护、城市建设投融资机制、绿色产业发展、国际气候变化等重点领域加大合作,提升城市环境品质和人民生活质量。

探索建立中国—中东欧国家绿色城市联盟。围绕习近平主席承诺的碳达峰目标、碳中和愿景,加强与中东欧国家共同推进碳达峰、碳中和相关研究,以 2021 年"中国—中东欧国家合作绿色发展和环境保护年"为契机,深化与中东欧国家在绿色经济、清洁能源、能效提升等领域的合作与交流。积极推动举办好中国—中东欧国家环保合作部长级会议。

推进绿色能源产业合作。推动与中东欧国家在氢能源汽车、镍氢电池、高性能动力锂电池等产业领域的合作,支持我国企业积极参与中国—中东欧国家能源合作机制。加大氢资源合作开发利用,发展工业用合成氨、电子级过氧化氢等产品,推动氢资源产业链向下游延伸。推进新能源技术装备、可再生能源、能源互联网等领域的合作,与中东欧国家联合突破一批关键"卡脖子"技术,培育具有自主知识产权的能源产业体系。

第七节 促进民心相通,推进中国与中东欧国家商旅文融合

一、推进中国与中东欧国家互设办事联络机构

支持中东欧国家政府机构、经贸促进机构在中国设立常驻商务和经商、签证、旅游等办事机构,打造中东欧国家组织机构集聚地。依托侨团、商会、高校、民间团体、咨询机构等推动在中东欧国家设立境外办事机构。搭建中东欧国家国际组织引进工作平台,鼓励中东欧国家使领馆在宁波等中东欧贸易活跃的城市开设签证中心。

二、推进双向优质教育合作

鼓励中国与中东欧国家院校共建多边教育合作机制,开展合作办学、人才交流、学分互认、科研合作、文化交流等合作,创建一批具有影响力的教育合作平台和教育品牌项目。深入开展聚焦中东欧国家的国际理解教育,搭建网上"同一课堂"平台,设立国际体艺大师工作站,邀请中东欧国家知名艺术家、体育教练等开设大师班和专题培训。提升中国—中东欧国家教育合作论坛层次和水平,定期举办和承办高端学术交流活动,积极承办中国—中东欧国家教育政策对话和中国—中东欧国家高校联合会会议。

三、打造人文旅游特色品牌

丰富索非亚中国文化中心功能,鼓励开展特色文化产品展示交易。大力引进演艺、体育经纪公司等中介机构,支持在中国举办、中东欧国家参与的国际性的文艺演出、艺术展览等活动,针对中东欧国家策划推出玩转中国特色旅游线路、休闲购物退税线路等特色旅游产品,继续深化"百团千人"游中东欧活动,培育康复、健身、养生与休闲旅游融合发展的旅游新业态,打造中国与中东欧国家合作的旅游品牌。支持企业在中东欧国家设立旅游合作中心,鼓励各大旅行社谋划推出一批中东欧—中国精品旅游线路,开展互为旅游目的地的推广活动。引导社会团体、民间组织开展对外友好交往,培育民间友好交往力量。

四、加强国际防疫和医疗合作

组织浙江、河北、山东、四川等地积极加入中国—中东欧国家公众健康产业联盟,加强联防联控和疫情防治合作交流,推动共同抗疫,打造人类卫生健康共同体先行城市。支持我国各类医疗卫生机构与中东欧国家和欧洲其他国家医疗卫生机构的合作,提升我国医疗服务能力。鼓励中东欧国家和欧洲其他国家的医疗机构来华投资设立中外合资合作医疗机构,加强国际医疗保险对接。加快开展医疗器械注册制度试点工作。大力发展临床试验机构,引导我国企业与中东欧国家企业加强科研攻关,推动中医药及相关技术产品"走出去"。

五、推进地方政府全面深化合作

立足地方合作,进一步加大地方政府与中东欧国家主要城市开展友好交流与合作的力度,打造中国—中东欧国家市长论坛品牌。健全重点领域的双边对话协商机制,在经贸、人文等领域开展实质性交流合作。加强与各项中国—中东欧国家地方合作机制牵头单位的对接,争取相关成果和试点项目在示范区内率先探索实施。积极发挥中国—中东欧国家地方领导人会议和中国—中东欧国家地方省州长联合会的作用,深化和拓展友好城市合作,更多打造中国的宁波、沧州以及中东欧的布达佩斯、华沙等示范性合作城市等。

结论与展望

第一节 研究结论

本书通过以上分析,得出以下主要结论:

(1) 新冠肺炎疫情防控常态化使得中国国际关系一系列隐性矛盾凸显,加强国际合作成为推动世界和平发展以及中国对外开放的关键动力,而中国与中东欧国家合作是我国推进次区域国际经贸合作及我国对外开放的新动力、新亮点。自2010年中国GDP超过日本以来,美国遏制中国的战略意图日益凸显,新冠肺炎疫情蔓延使经济全球化遭遇"逆风"和"回头浪"。全球供应链本地化、区域化、分散化有可能成为重要趋势,全球经贸格局与秩序将进一步加速重构。

(2) 深度开展中国—中东欧国家经贸合作是推进中欧全面战略伙伴关系全方位深入发展,打造"一带一路"倡议对接欧洲经济圈新通道的需要。中东欧作为连接欧亚大陆的重要枢纽,是连通欧盟一体化市场和最主要的能源产地间的结合部、承接带,是"一带一路"倡议的区域支点,更是我国打通欧洲市场的"桥头堡"。凭借其东联西通的先天地缘优势以及对接欧盟的有利身份优势,中东欧不仅为我国挖掘国际市场潜力、优化产业结构提供了支持,在中欧、亚欧互联互通方面也发挥了不可或缺的作用,同时也为"一带一路"倡议框架下我国同欧洲市场的合作夯实了基础。

(3) 加强中国—中东欧国家经贸合作可以在一定程度上弥补美国等对我国全面打压带来的损失,有助于破解我国当前国际经贸合作面临的不利局面。"一带一路"建设实施过程充满了不确定性和挑战,需要一个良好的外部环境和一套可以实化落地的方案,既能克服西方发达国家对中国的集体围堵,又可获得开放合作的经济效益。中国在与中东欧国家合作过程中,应积极引导中东欧国家参与"一带一路"建设,特别是发挥好其在中欧、亚欧互联互通方面不可或缺的作用。

(4) 中国与中东欧国家间的经贸合作受到了来自美国和欧盟等国的限制,加上中东欧国家差异大、政策摇摆不定、基础设施相对落后等,这对中国—中东欧国家经贸合作进一步深入发展产生了极大的影响。这使得中国与中东欧国家经贸合作碰到潜力难以充分挖掘、效率难以持续提高、政策难以有效沟通和落地实施等一系列瓶颈。以体制机制创新为根本动力,通过在中国—中东欧国家贸易便利化、投资自由化等领域实施的改革,不仅有利于突破中国与中东欧国家合作碰到的瓶颈,还可以为完善我国建设合作共赢的开放治理体系提供可复制推广的示范样板。

（5）中国需要及时调整与中东欧国家的贸易合作方向，加强与贸易潜力待开发型、贸易潜力成长型国家的贸易合作。经本项目研究发现，与中国开展贸易合作的中东欧国家中，匈牙利和塞尔维亚属于贸易潜力待开发型，斯洛伐克、罗马尼亚、希腊、克罗地亚、斯洛文尼亚属于贸易潜力成长型，波兰、阿尔巴尼亚、捷克、黑山、保加利亚、波黑、北马其顿属于贸易潜力成熟型。

（6）中国需要根据实际情况，适时调整对中东欧国家的投资方向，及时加大对投资潜力待开发型国家的投资。经本项目研究发现，在中国对中东欧国家投资潜力方面，斯洛文尼亚、波黑、阿尔巴尼亚属于投资潜力待开发型，捷克、波兰、斯洛伐克、希腊、克罗地亚属于投资潜力成长型，北马其顿、黑山、保加利亚、罗马尼亚、匈牙利、塞尔维亚属于投资潜力成熟型。

（7）中国与中东欧国家的经贸合作应积极推广"两国双园""姊妹园""海外仓"并进模式，以及人文交流助推模式、互联互通引导模式、金融合作驱动模式等。特别要对各地方根据实际情况探索出的各具特色的地方模式及时总结推广，如以优势产能实现精准合作的河北模式，能够促进地方优势产能迅速走出国门，实现企业技术、服务、产品质量的提升；以绿地投资为重点的山东模式，能够充分利用东道国的优势资源，合理规避跨国投资的风险性因素，实现企业部分产能的优化转移；聚焦物流通道建设的重庆、四川和陕西模式，能够优化中国与中东欧的交通设施互联互通水平，以交通通道建设作为地方参与国际合作的核心枢纽，实现地方与中东欧差异化的发展格局与完整的战略体系；政府推动、市场导向、企业主导、各方广泛参与的宁波模式，能够充分调动各方面资源要素，实现地区经贸水平跨越式发展。

（8）中国与中东欧国家经贸合作在机制构建方面可以有更多作为。要继续完善机构建设、开展各种重大活动、完善合作平台和举办主题年活动；要重点抓好经贸合作的法律法规机制、经贸合作规范及约束机制、多层级协调联动机制、经贸合作风险防范及效益评估机制、经贸合作保障机制这五大机制的建设，从而推进中国与中东欧国家经贸合作的快速发展。

（9）中国与中东欧国家经贸合作既要做好整体设计，也要做好分类施策。中东欧国家之间存在较大的差异，这些差异决定着中国在与不同国家合作时面临的问题和挑战不同，合作的模式、合作的领域也会存在差异。这不仅要统筹考虑中东欧各国的差异性，设计不同的合作模式和规划不同的合作领域，提升合作的整体效果，还要着力推动与中东欧国家规则联通、标准互认，构建与国际经贸规则相衔接的制度体系和合作机制。

（10）中国与中东欧国家在"优势产能合作""绿色经济合作""数字经济合作"方面可以有更多作为。中东欧地区具有较好的工业制造基础，是目前欧洲经济增长最快的区域。第一，中国与中东欧国家要发挥各自比较优势和产业特点，把中国的优势产能同中东欧国家的发展需求、西欧发达国家的关键技术三者结合起来，开展三方合作。这不仅可以支持中东欧国家以较低成本加快发展、扩大就业，也有助于中国产业转型升级，同时也有利于欧洲平衡发展。第二，要充分挖掘、主动对接中东欧优质产业及科技创新资源，发挥制度创新优势，充分促进科技创新要素流动便利化，积极吸引中东欧国家科创企业和科研机构的新产业、新技术积极嵌入我国创新网络体系中。第三，要注重整合中东欧的企业主体、行业协会、社会组织、专业机构等资源，推动中东欧国家创新成果在我国实现规模化、标准化、现代化生产，同时在国内积极打造一批一流的中东欧国家产业园（或中东欧国家产业合作示范区）。

第二节 研究不足与展望

一、研究不足

由于作者学术能力和调研深度与广度所限,本书研究过程中仍存在不足。

(1) 实证研究受到数据及国外案例的局限。由于精力所限,本书数据还有待进一步挖掘,还要以此开展更为深入的实证研究。

(2) 中国—中东欧国家贸易、投资潜力的算法及模型在实际应用中有时可能会出现共线性等问题,因此模型及算法还应根据新的数据的获得及新的方法的应用做进一步优化。

(3) 对中国—中东欧国家产业合作及产品贸易领域尚可以开展进一步细化研究。本书对中国与中东欧国家产业合作领域进行了较广泛系统的研究,但产业合作的细分领域以及具体到企业及产品方面的合作尚可进一步挖掘。

(4) 对中国—中东欧国家经贸合作机制、模式的分析主要聚焦于国内研究,国外的一些成功实践有待未来进一步关注与借鉴。

(5) 理论研究有待进一步创新。本书初步构建了中国与中东欧国家经贸合作理论分析框架,未来对此应进一步深入研究,对国际区域经贸合作的理论进行创新性探索。

二、研究展望

(1) 从理论研究角度看,中国与中东欧国家经贸合作理论分析体系将不断完善,新的区域分工与协作、区域一体化、国际区域合作与治理等方面的理论、中国与中东欧国家经贸合作的新理念、新思想将会不断涌现。

(2) 从研究方法角度看,对中国与中东欧国家经贸合作的实证分析将更多采用定量研究的方法,将随机前沿引力模型、决策树模型、多层递价回归算法、机器学习算法等多种模型和算法结合使用。

(3) 从合作的重点领域研究看,数字经济、绿色经济、农业经济以及交通运输等方面的中国与中东欧国家经贸合作将成为未来研究的重点。对以上重点领域的分析,将有助于使中国与中东欧国家经贸合作的研究更为深入、聚焦。

(4) 对中国与中东欧国家产业图谱构建的研究将成为今后研究的一个热点。构建中国与中东欧国家产业图谱,有利于精准剖析双方优势产业,有利于集聚双方优势产业的资本,有利于推动中国与中东欧国家产业合作迈向产业链、供应链和价值链高端。

(5) 对中国与中东欧国家经贸合作模式的研究将更加侧重地方参与中国与中东欧国家经贸合作模式的剖析,以此归纳、提炼出数量更多、水平更高、内涵更丰富、开放程度更广的合作模式。

(6) 在中国与中东欧国家经贸合作机制构建研究方面,学界将对如何完善机构建设、如何更加有效地开展各种重大活动、如何完善现有的各项合作平台开展追踪研究。其中,对中国与中东欧国家经贸合作的法律法规机制、经贸合作规范及约束机制、多层级协调联动机制、经贸合作风险防范及效益评估机制、经贸合作保障机制五大机制的研究将是未来机制建设研究中的重点。

参考文献

[1] 程琳.中国与中东欧国家合作机制下中国与维谢格拉德集团国家经贸合作研究[J].现代营销(下旬刊),2021(4):4-5.

[2] 于敏,李德阳,于戈,等.中国对中东欧国家农业投资合作潜力、风险及合作建议[J].农业展望,2021,17(3):109-114.

[3] 冯学丽."一带一路"倡议下宁波对中东欧贸易转型升级研究[J].现代商贸工业,2021,42(2):41-42.

[4] 刘永辉,赵晓晖.中东欧投资便利化及其对中国对外直接投资的影响[J].数量经济技术经济研究,2021,38(1):83-97.

[5] 史俊怡.中国与中东欧国家机制下我国地方与中东欧国家合作——以宁波市为例[J].时代金融,2021(1):49-51.

[6] 杨桂丽,李发宗.宁波—中东欧商贸合作中的风险研究[J].现代商贸工业,2021,42(5):56-57.

[7] 齐结斌,王紫薇.浙江省与"一带一路"中东欧17国经贸合作现状、问题及对策[J].浙江金融,2020(12):29-35,65.

[8] 韩萌.新形势下深化中国—中东欧国家贸易合作的政策选择[J].欧亚经济,2020(6):95-107,126.

[9] 华红娟.浙江与中东欧地区产业合作研究[J].现代营销(下旬刊),2020(12):104-106.

[10] 廖佳,赵灿蒙."一带一路"背景下中国—中东欧贸易投资合作问题研究[J].对外经贸,2020(12):40-43.

[11] 姜珂.中国与中东欧国家合作框架下中捷经贸合作:机遇与挑战[J].海外投资与出口信贷,2020(2):18-22.

[12] 程鉴冰.以贸易高质量发展助推中国—中东欧合作迈上新台阶[J].中国经贸导刊(中),2020(2):15-17.

[13] 魏吉,张海燕.中国与中东欧各国进口贸易的潜力分析——基于时变随机前沿引力模型的实证研究[J].区域经济评论,2020(3):116-124.

[14] 兰振东.宁波—中东欧外贸综合服务平台现状、发展及推进对策[J].现代商贸工业,2020,41(3):36-38.

[15] 刘作奎.中国—中东欧国家合作的发展历程与前景[J].当代世界,2020(4):4-9.

[16] 朱晓中.中东欧地区的大国因素:利益格局及其影响[J].当代世界,2020(4):10-16.

[17] 徐侠民,杨波,杨露.贸易便利化对中国与中东欧农产品贸易影响的比较分析[J].浙江万里学院学报,2019,32(5):7-14.

[18] 常亮.我国与中东欧国家经济合作的潜力研究[J].广西质量监督导报,2019(7):49-50.

[19] 姚星垣.金融发展、经济结构优化对经济增长的"双轮驱动"效应:以中国和中东欧"16+1合作"为例[J].浙江金融,2019(7):13-21,39.

[20] 王薇."一带一路"背景下中国与中东欧国家经贸关系研究[J].现代管理科学,2019(12):12-14.

[21] 刘苏瑶.中东欧国家交通基础设施建设对中国对其出口的影响[D].沈阳:辽宁大学,2019.

[22] 匡增杰,高军."一带一路"倡议下中国与中东欧国家贸易潜力研究[J].统计与决策,2019,35(13):122-124.

[23] 周建男.中国与中东欧国家贸易潜力研究[D].哈尔滨:哈尔滨商业大学,2019.

[24] 王亚南.中国与中东欧16国的贸易潜力研究[D].天津:天津师范大学,2019.

[25] 庞超然,霍建国.境外经贸合作区发展理论框架探索与中国实践总结[J].全球化,2019(4):19-28,134.

[26] 王娟娟.中国与"一带一路"沿线国家经济合作成效及展望——基于共享经济与分享经济视角[J].中国流通经济,2019,33(2):49-59.

[27] 孙琪.中国与中东欧国家经贸合作现状及发展前景研究[J].中国商论,2019(3):99-100.

[28] 李文红.德国对"16+1合作"的若干疑虑探讨[J].黑河学刊,2019(3):71-76.

[29] 游楠.中国—中东欧合作平台的新突破[N].学习时报,2019-04-19(2).

[30] 刘作奎.日本的中东欧政策及对中国"16+1合作"的影响分析[J].俄罗斯研究,2019(2):180-201.

[31] 姚倩倩."一带一路"背景下中国与中东欧国家工业制成品贸易潜力研究[J].对外经贸,2018(10):10-14.

[32] 方英,马芮.中国与"一带一路"沿线国家文化贸易潜力及影响因素:基于随机前沿引力模型的实证研究[J].世界经济研究,2018(1):112-121.

[33] 熊彬,王梦娇.基于空间视角的中国对"一带一路"沿线国家直接投资的影响因素研究[J].国际贸易问题,2018(2):102-112.

[34] 崔卫杰,李泽昆.中国与中东欧贸易合作:现状、问题与建议[J].国际经济合作,2018(11):43-46.

[35] 杨文龙,杜德斌."一带一路"沿线国家投资网络结构及其影响因素:基于ERGM模型的研究[J].世界经济研究,2018(5):80-94.

[36] 张偲,王森.海上丝绸之路沿线国家蓝碳合作机制研究[J].经济地理,2018,38(12):25-31,59.

[37] 张方慧."一带一路"背景下中国与中亚国家经贸合作:现状、机制与前景[J].现代管理科学,2018(10):18-20.

[38] 齐杨,王浩宇.产业结构与中东欧经济增长效率研究[J].郑州航空工业管理学院学报,2018,36(5):17-27.

[39] 王巍.中东欧贸易便利化对中国与欧盟出口影响的比较[J].学术交流,2018(6):187.

[40] 李村璞,柏琳,赵娜.中国与东南亚国家贸易潜力及影响因素研究——基于随机前沿引力模型[J].财经理论与实践,2018,39(5):122-127.

[41] 许亚璇.中国与"一带一路"国家进出口贸易预测研究[J].中国集体经济,2018(28):17-19.

[42] 刘影.中东欧国家在欧盟的利益诉求和利益博弈[J].学术交流,2018(11):184-185.

[43] 雷蕾,刘健露,杨恺钧."一带一路"背景下中国进出口贸易影响因素及发展潜力研究——基于包含碳生产率的引力模型分析[J].金融与经济,2018(2):55-60.

[44] 苏小莉."一带一路"倡议下中东欧需求现状分析及中国对策[J].现代管理科学,2018(3):61-63.

[45] 赵福军.中国与中东欧经贸合作进入新时代[N].中国经济时报,2018-07-06(1).

[46] 李一鸣.中欧产业合作研究[D].长春:吉林大学,2018.

[47] 扈大威,房乐宪.中国与中东欧国家次区域整体合作:中欧关系的新亮点[J].教学与研究,2018(3):43-51.

[48] 崔勇前,崔艳萍."一带一路"倡议下我国与中东欧国家贸易互补性与发展潜力研究[J].改革与战略,2018,34(1):153-155,166.

[49] 王灏晨,李喆."一带一路"倡议下中东欧投资环境分析[J].宏观经济管理,2018(1):31-35.

[50] 孙玉琴,苏小莉."一带一路"倡议下中东欧贸易便利化对中国与欧盟出口影响的比较[J].上海对外经贸大学学报,2018(1):29-36.

[51] 许瑶佳,杨逢珉."一带一路"背景下东南亚、中东欧国家投资环境比较研究[J].世界经济研究,2018(11):89-98.

[52] 谢碧玉.中国—中东欧"16+1"合作机制探析[D].北京:外交学院,2018.

[53] 刘一庆.依托"16+1合作"机制 中国中东欧合作前景广阔[N].中国产经新闻,2018-07-13(3).

[54] 范海军.新型国际关系视域下"一带一路"合作机制研究[D].株洲:湖南工业大学,2018.

[55] 许家云,毛其淋,胡鞍钢.中间品进口与企业出口产品质量升级:基于中国证据的研究[J].世界经济,2017(3):54-77.

[56] 孔寒冰,韦冲霄.中国与中东欧国家"16+1"合作机制的若干问题探讨[J].社会科学,2017(11):14-23.

[57] 孙玉琴,苏小莉."一带一路"倡议背景下我国开拓中东欧市场的策略思考[J].国际贸易,2017(2): 40-48.

[58] 文淑惠,张昕.中南半岛贸易潜力及其影响因素——基于随机前沿引力模型的实证分析[J].国际贸易问题,2017(10):97-108.

[59] 陈继勇,陈大波.贸易开放度、经济自由度与经济增长——基于中国与"一带一路"沿线国家的分析[J].武汉大学学报(哲学社会科学版),2017,70(3):46-57.

[60] 侯敏,邓琳琳.中国与中东欧国家贸易效率及潜力研究——基于随机前沿引力模型的分析[J].上海经济研究,2017(7):105-116.

[61] 罗琼,臧学英."一带一路"背景下中国与中东欧国家多元合作问题[J].国际经济合作,2017(9):79-83.

[62] 杜娟."一带一路"贸易投资便利化之中东欧国家法律环境评析[J].西安交通大学学报(社会科学版),2017,37(6):75-82.

[63] 胡英华.大数据时代的国际贸易理论发展浅析[J].中国国际财经(中英文),2017(20):12.

[64] 姚丹.大数据时代中国进出口贸易面临的机遇和挑战[J].科技经济导刊,2017(5):235.

[65] 钟实."一带一路"贸易合作的机遇与挑战[J].经济,2017(17):14-16.

[66] 王连印,凌建华,芮瑞,等.大数据技术在质检行业中的应用——以中国粮谷进口贸易额预测为例[J].信息系统工程,2017(12):97-99.

[67] 辛冉."一带一路"战略下的对外经济合作方式研究[D].北京:对外经济贸易大学,2017.

[68] 姜明鹤.我国与中东欧国家经贸合作及出口贸易潜力分析[D].宁波:宁波大学,2017.

[69] 琳娜.中东欧国家与中国经贸关系研究[D].北京:首都经济贸易大学,2017.

[70] 张会清.中国与"一带一路"沿线地区的贸易潜力研究[J].国际贸易问题,2017(7):85-95.

[71] 熊灵,覃操,谭秀杰.欧亚关税同盟对中哈出口贸易的影响——基于HS 6位编码商品的面板数据检验[J].国际贸易问题,2017(10):85-96.

[72] 朱晓中.中国—中东欧合作:特点与改进方向[J].国际问题研究,2017(3):41-50.

[73] 张斯齐."一带一路"背景下中国中东欧关系发展研究[D].太原:山西大学,2017.

[74] 朱军行."一带一路"背景下中国与中东欧国家贸易发展潜力实证分析[D].沈阳:辽宁大学,2017.

[75] 张晓通,解楠楠.中国在中东欧的经济外交[J].复旦国际关系评论,2017(1):173-194.

[76] 姚铃.中国与中东欧国家经贸合作现状及发展前景研究[J].国际贸易,2016(3):46-53.

[77] 龚新蜀,乔姗姗,胡志高.丝绸之路经济带:贸易竞争性、互补性和贸易潜力——基于随机前沿引力模型[J].经济问题探索,2016(10):145-154.

[78] 崔连标,孙欣,宋马林.贸易自由化视角下新丝绸之路战略经济影响评估[J].管理科学,2016,29(1):147-160.

[79] 谭晶荣,王丝丝,陈生杰."一带一路"背景下中国与中亚五国主要农产品贸易潜力研究[J].商业经济与管理,2016(1):90-96.

[80] 王世钰.依托"16+1"合作机制 中国与中东欧贸易往来进入快车道[J].中国对外贸易,2016(10):70-71.

[81] 金玲.中东欧国家对外经济合作中的欧盟因素分析[J].欧洲研究,2015(2):29-41.

[82] 图尔克萨尼."16+1合作"平台下的中国和中东欧国家合作及其在"一带一路"倡议中的作用[J].欧洲研究,2015,33(6):3-6.

[83] 戢梦雪,李文贵.中印贸易合作机制及合作潜力探析[J].南亚研究季刊,2015(2):5,56-60,68.

[84] 于军.中国—中东欧国家合作机制现状与完善路径[J].国际问题研究,2015(2):112-126.

[85] 杨思灵."一带一路"倡议下中国与沿线国家关系治理及挑战[J].南亚研究,2015(2):15-34.

[86] 杜秀红."一带一路"背景下的中印货物贸易结构分析:2002—2014年[J].审计与经济研究,2015,30(6):106-112.

[87] 吴晓艳.中国—东盟自贸区合作框架下的中越经贸合作分析[J].价格月刊,2015(8):19-22.

[88]　韩永辉,邹建华."一带一路"背景下的中国与西亚国家贸易合作现状和前景展望[J]. 国际贸易,2014(8):21-28.

[89]　张丹,张威. 中国与中东欧国家经贸合作现状、存在问题及政策建议[J]. 中国经贸导刊,2014(27):36-38.

[90]　龙静. 中国与中东欧国家关系:发展、挑战及对策[J]. 国际问题研究,2014(5):37-50.

[91]　孔田平. 中国与中东欧国家经济合作现状与发展趋势[J]. 国际工程与劳务,2014(10):2-6.

[92]　陈志敏,彭重周. 比较欧盟成员国与中国的关系发展:一项初步的尝试[J]. 欧洲研究,2013,31(2):3,16-35.

[93]　刘作奎. 中国与中东欧合作:问题与对策[J]. 国际问题研究,2013(5):73-82.

[94]　陈文武. 中国大陆和台湾经贸合作模式探索[J]. 中国商贸,2011(27):215-216.

[95]　王屏. 21世纪中国与中东欧国家经贸合作[J]. 俄罗斯中亚东欧研究,2007(2):49-54,95-96.

[96]　杨栋梁. 中日经贸合作的新动态及其发展趋势[J]. 现代日本经济,2007,151(1):50-53.

[97]　陈颖芳. 欧盟东扩后新10国对中国商品出口欧盟的影响——基于区域显示性比较优势指数的实证分析[J]. 世界经济研究,2006(8):79-83.

[98]　张瑞莉. 欧盟新成员国带给中国经贸关系的挑战[J]. 黑龙江对外经贸,2004(11):4-5.

[99]　李钢. 老朋友带来新商机——欧盟新10国与中国的经贸关系发展前景[J]. 中国经贸,2004(7):27-30.

[100]　MARTA K C,et al. The opening of central and Eastern European Countries to free trade:a critical assessment[J]. Structural change and economic dynamics,2021,58:23-24.

[101]　JAKŠIĆ S,ERJAVEC N,COTA B. Impact of regulatory trade barriers and controls of the movement of capital and people on international trade of selected Central, Eastern and Southeastern Europeaneconomies[J]. Central European journal of operations research,2021,29:891-907.

[102]　HARALD O,MICHAEL P. Estimating the trade and welfare effects of Brexit:a panel data structural gravitymodel[J]. Canadian journal of economics/revue canadienne d'économique,2021,54(1):338-375.

[103]　LEE J W,OH J W. ASEAN or plus alpha? The effectiveness of regional economic cooperation[J]. Asia Pacific management review,2020,25(1):48-53.

[104]　IWASAKI I,MA X X,MIZOBATA S. Corporate ownership and managerial turnover in China and Eastern Europe:a comparative meta-analysis[J]. Journal of economics and business,2020,111(prepublish).

[105]　QI M Y. The study on the agricultural trade pattern between China and Central and Eastern Europe countries under the "16＋1" cooperation mechanism[J]. Holistica-journal of business and public administration,2020,11(1):69-78.

[106]　SONG L L. China's multilayered multilateralism:a case study of China and Central and Eastern Europe cooperation framework[J]. Chinese political review,2019,4(3):277-302.

[107]　KAMARUDDIN N,GALAS J V. The ASEAN-ROK economic relations:challenges and opportunities[M]. Singapore:Springer Singapore,2019.

[108]　MONTOYA M J R. Craft:economic policies in the United States 1896—2016[M]. Berlin:Springer International Publishing,2019.

[109]　HO S Y,IYKE B N. Trade openness and carbon emissions:evidence from Central and Eastern European countries[J]. Review of economics,2019,70(1):41-67.

[110]　HAGEMEJER J,MUCK J. Export-led growth and its determinants:evidence from Central and Eastern European countries[J]. The world economy,2019,42(7):1994-2025.

[111]　FLINT C,ZHU C P. The geopolitics of connectivity, cooperation, and hegemonic competition:the Belt and Road initiative[J]. Geoforum,2019(9):95-101.

[112] YAO F,ZHANG F,KUMBHAKAR S C. Semiparametric smooth coefficient stochastic frontier model with panel data[J]. Journal of business & economic statistics,2019,37(3):556-572.

[113] CHANDRAN S M. Trade impact of the India-ASEAN Free Trade Agreement (FTA):an augmented gravity model analysis[J]. Social science electronic publishing,2018,6(11):36-45.

[114] SONG W Q. China's Long March to Central and Eastern Europe[J]. European review,2018,26(4):755-766.

[115] KENDERDINE T,LING H. International capacity cooperation: financing China's export of industrial overcapacity[J]. Global policy,2018,9(1):85-102.

[116] BELOTTI F,ILARDI G. Consistent inference in fixed-effects stochastic frontier models[J]. Journal of econometrics,2018,202(2):167-177.

[117] MA S H,FILDES R,HUANG T. Demand forecasting with high dimensional data: the case of SKU retail sales forecasting with intra- and inter-category promotional information[J]. European journal of operational research,2016,249(1):245-257.

[118] LIU Z K. Development trend of "16+1 Cooperation" after the Suzhou summit: a response from Central and Eastern European think tanks[J]. Contemporary world,2016(2):44-47.

[119] KOURENTZES N,PETROPOULOS F. Forecasting with multivariate temporal aggregation: the case of promotional modelling [J]. International journal of production economics,2016,181:145-153.

[120] TRAPERO J R,KOURENTZES N,FILDES R. On the identification of sales forecasting models in the presence of promotions[J]. The journal of the Operational Research Society,2015(2):299-309.

[121] OTTÓ J. Principles and frameworks for cooperation between Central and Eastern Europe and China paper delivered to the meeting of China and Central and Eastern European countries: economic cooperation and outlook[R]. Beijing,May 23,2013.

[122] BELL D. The coming of the post-industrial society[M]. Boca Raton:Taylor & Francis Group,2008.

[123] DAVOS C A,SIAKAVARA K,SANTORINEOU A, et al. Zoning of marine protected areas: conflicts and cooperation options in the Galapagos and San Andres archipelagos[J]. Ocean and coastal management,2006,50(3-4):223-252.

[124] KULLENBERG G. Contributions of marine and coastal area research and observations towards sustainable development of large coastal cities[J]. Ocean and coastal management,2001,44(5-6):283-291.

[125] CLARIDA R H,FINDLAY R. Government, trade, and comparative advantage [J]. American economic review,1999,82(2):122-127.

附 录

附录 1

附录 2

附录 3

附录 4

附录 5